Heike Wolter

Forschend-entdeckendes Lernen im Geschichtsunterricht

METHODEN HISTORISCHEN LERNENS

Heike Wolter

Forschend-entdeckendes Lernen im Geschichtsunterricht

Bibliografische Information der Deutschen Nationalbibliothek

Die Deutsche Nationalbibliothek verzeichnet diese Publikation in der Deutschen Nationalbibliografie; detaillierte bibliografische Daten sind im Internet unter http://dnb.d-nb.de abrufbar.

Die Qualität der in dieser Reihe erscheinenden Bände wird vor der Publikation in einem offenen Peer-Review-Verfahren durch das Herausgebergremium – gegebenenfalls in Verbindung mit externen, vom Herausgebergremium benannten Gutachtern – geprüft.

www.wochenschau-verlag.de

Titelbild: © strichfiguren.de, adobe stock
Gesamtherstellung: Wochenschau Verlag
Gedruckt auf chlorfrei gebleichtem Papier
ISBN 978-3-7344-0674-4

Inhalt

Prolog

„I hope, you gonna make a movie from that."

(Moishe Mantelmacher)

Vor einigen Jahren unterrichtete ich ein Projektseminar in der gymnasialen Oberstufe in Bayern. In diesem Rahmen hat man eineinhalb Jahre für die Themenbearbeitung unter einem Leitfach Zeit. Ich bot einen Kurs zur Erforschung der Geschichte des KZ-Außenlagers Obertraubling, einem kleinen Ort in der Oberpfalz, an. Das Thema hatte mich persönlich angesprochen, ich wusste allerdings denkbar wenig über die historischen Fakten. Meinen Schülerinnen und Schülern war ich also inhaltlich kaum voraus, methodisch aber reizte mich der „Grabe, wo du stehst"-Ansatz, den die Seminarform versprach.

Das Projekt entwickelte sich in vielerlei Hinsicht typisch für einen forschend-entdeckenden Lernprozess. Die Lernenden und ich hatten zunächst viele offene Fragen – bei manchen stellte sich später heraus, dass sie nicht zu beantworten waren. Andere Fragen entstanden erst in der Erarbeitung – aufgrund der Quellen und Literatur, durch Zeitzeugenberichte und im Austausch mit der Öffentlichkeit.

Immer wieder gab es Phasen, in denen der Kurs unvorhersehbare Wendungen nahm. Ein Schlüsselmoment war die Suche nach und das Auffinden von Zeitzeugen, die im KZ-Außenlager inhaftiert gewesen waren. Der Prozess hatte sich schwierig gestaltet: In der Fachliteratur fand sich kein Hinweis auf Augenzeugenberichte, jedoch lieferten die Häftlingslisten Namen von Betroffenen und erste Daten über sie, Videos aus den 1990er Jahren ermöglichten schließlich die Eingrenzung der späteren Wohnorte, bevor Recherchen in amerikanischen Telefonbüchern schließlich eine Kontaktaufnahme zuließen. – Ein mustergültiger Prozess forschenden Lernens, der sich gleichsam von Information zu Information hangelte.

Es blieb nicht bei inhaltlichen und methodischen Entdeckungen historischer Natur, schon bald kam eine neue Herausforderung hinzu: Einer der Zeitzeugen beschloss sein Interview mit der Aufforderung: „I hope, you gonna make a movie from that." Der Auftrag, die gewonnenen Erkenntnisse in ein Filmprodukt zu integrieren, führte zu – für uns – neuen Erfahrungen: Wie erzählt man über die Vergangenheit mit filmischen Mitteln? Weder die Schülerinnen und Schüler noch ich hatten je einen Film gedreht. Wir entdeckten gemeinsam und öffneten uns dabei für neue Perspektiven auf unser Thema. UNSER Thema, denn das war es im Verlauf des forschend-entdeckenden Lernens wahrhaftig geworden.

Wie dieser Zugang des forschend-entdeckenden Lernens im Allgemeinen funktioniert, wo seine Ursprünge liegen und welche Chancen sowie Herausforderungen er bietet, ist Thema dieses Buches.

1. Vorbemerkungen

„Unterricht wird dabei [...] ein Geschehen mit offenem Ausgang und mit unvorhersehbaren Verzweigungen."

(Horst Rumpf)

Relevanz

Das forschend-entdeckende Lernen im Geschichtsunterricht ist – wenn es auch verschiedene Vorläufer gibt, die in Kapitel 3.3 beleuchtet werden – ein Kind des Wandels vom Wissensfach zum Denkfach Geschichte. Erst durch diese Neuorientierung wurde klar, dass reproduktive Lernformen nicht ausreichen. Sie müssen durch anwendungsorientierte, lebensweltlich relevante und von Lernenden zu konstruierende Strukturen ergänzt – nicht ersetzt – werden.

Bodo von Borries schrieb 1990 treffend, forschendes Lernen sei nichts anderes als die „Realisierung von Kants Forderung ‚Habe Mut dich deines eigenen Verstandes zu bedienen!'" (Borries 1990, 133). Dieses Lernen ist tatsächlich selbstständig, indem Inhalte nicht einfach übernommen und Vorgehensweisen nicht einfach imitiert werden. Stattdessen konstruiert der Lernende sie. Genau das ist es, was oft vom Geschichtsunterricht gefordert wird.

Und dennoch sind forschend-entdeckende Lernarrangements, obwohl zunehmend, vergleichsweise unterrepräsentiert. Gute Beispiele für forschend-entdeckende Ansätze finden sich in mehreren neueren Lehrbüchern. Vereinzelt stehen auch gedruckt und häufiger im Internet Lernangebote bereit, die einen solchen Zugang befördern.

Für forschend-entdeckendes Lernen braucht es eine Lehr-Lern-Kultur, die nötige Rahmenbedingungen schafft. So ist ein Lehrplan wichtig, der möglichst geringe konkrete Vorgaben macht – so wie es die neueren kompetenzorientierten Lehrpläne tun. Der Unterricht muss sich gegenwartsbezogenen und problemorientierten Themen- und Fragestellungen zuwenden.

Unabdingbar ist die methodisch reflektierte Beschäftigung mit Quellen. Und nicht zuletzt braucht es Lehrkräfte, die sich gemeinsam mit Schülerinnen und Schülern auf den Weg des Forschens und Entdeckens begeben.

Zusammengefasst lässt sich sagen: Forschend-entdeckendes Lernen kann dort geschehen, wo Schule nicht mehr „der absurde Ort" ist, „wo der, der alles weiß, immer Fragen stellt, und die, die nichts wissen, immer Antworten geben müssen" (Borries 1992, 73). Es ist historisches Lernen, das einerseits ungelenkten Formen des Wissenserwerbs ähnelt und andererseits dem systematischen Zugang zu Vergangenheit und Geschichte, dem der Geschichtsunterrichts, verpflichtet ist.

Aufbau

Das vorliegende Buch nähert sich dem forschend-entdeckenden Lernen einerseits auf der theoretischen Ebene, andererseits auf der praktischen. In den Kapiteln 2 bis 5 und 7 wird das Thema aus der Perspektive der Geschichtswissenschaft, der Pädagogik, der Lernpsychologie und besonders der Fachdidaktik Geschichte beleuchtet. Die Kapitel 6 und 8 sind konkret und anwendungsorientiert.

Im Kapitel 2.1 wird zuerst nach nichtschulischen Lernprozessen gefragt. Wie lernen Menschen eigentlich – ganz ohne systematische, fachspezifische Anleitung? Wonach entscheiden sie, wann, was und wie sie lernen? Danach befasst sich das Kapitel mit den Ähnlichkeiten zwischen diesen ungelenkten Lernprozessen und dem forschend-entdeckenden Lernen im Unterricht. Ausgehend vom naturwissenschaftlichen Unterricht, für den mehr, aussagekräftigere und vor allem mit Wagenschein überzeugende Untersuchungen vorliegen, wird im Kapitel 2.2 die Bedeutung des Ansatzes für die Schule aufgezeigt.

Der Begriff des forschend-entdeckenden Lernens, der bis zu diesem Punkt bereits ganz pragmatisch genutzt wurde, wird im Kapitel 3.1 fachspezifisch definiert. Dabei wird auch auf die Nuancierungen zwischen forschendem, forschend-entdeckendem und entdeckendem Lernen eingegangen. Das Kapitel 3.2 ist den Abgrenzungen zu verwandten und teils überlappenden Lernformen gewidmet. Es geht darin beispielsweise um das erkundende Lernen, um gelenkt-entdeckende Formen und Projektarbeit. Anschließend ermöglicht das Kapitel 3.3 einen kurzen Überblick über die Geschichte des forschend-entdeckenden Zugangs beim historischen Lernen. Das führt im Kapitel 3.4 schließlich zu den fachwissenschaftlichen Diskussionen um forschend-entdeckendes Lernen mit einem Schwerpunkt ab den 1970er Jahren bis heute.

Die vielfältigen Potenziale, die das forschend-entdeckende Lernen wertvoll machen, werden im Kapitel 4 thematisiert. Einerseits wird hier aufgezeigt, wie der forschend-entdeckende Zugang zum Kompetenzerwerb (4.1) beiträgt. Andererseits werden Anknüpfungspunkte an wesentliche Unterrichtsprinzipien (4.2 bis 4.3), wie den Gegenwarts-, Lebenswelt- und Gesellschaftsbezug, erklärt. Weiterhin geht das Kapitel auf die Vorteile eines schülerorientierten Vorgehens (4.4), des kooperativen Arbeitens (4.5) und der Förderung flexibler Lernwege (4.6) ein. Schließlich wird auf den Nutzen von Lokal- und Regionalgeschichte (4.7) verwiesen, der besonders im forschend-entdeckenden Lernen zum Tragen kommt.

Im Kapitel 5 geht es darum aufzuzeigen, wie vielfältig und an welchen schulischen und außerschulischen Lern-„Orten“ forschend-entdeckendes Lernen gelingen kann. Besonders intensiv beweist sich an dieser Stelle, dass nicht nur in der „Hochform“ des Projektlernens forschend-entdeckende Arrangements möglich sind, sondern auch erfolgreich mit bescheideneren Zielsetzungen gearbeitet werden kann. Dies kann sowohl im regulären Unterricht als auch an zahlreichen außerschulischen historischen Stätten und Orten der Geschichtsvermittlung stattfinden.

Den pragmatisch-methodischen Kern des Buches bildet das Kapitel 6. Es hält Anregungen für alle Schritte des forschend-entdeckenden Lernprozesses bereit und klärt dabei, wie sich fruchtbare Frage- und Problemstellungen entwickeln lassen, wie Schülerinnen und Schüler das eigene Lernen sinnvoll strukturieren können, wie die Basisoperation „Recherchieren" gelingt; wie Lernende den Stoff und ihre Erkenntnisse sammeln, ordnen und verknüpfen können, wie sie Ergebnisse darstellen und ihre Resultate präsentieren sollen und wie der Lernprozess reflektiert werden kann.

Erst im Kapitel 7 werden Herausforderungen des forschend-entdeckenden Lernens diskutiert. Hierbei werden Lösungsmöglichkeiten für die häufigsten Einwände – die ungünstige Aufwand-Nutzen-Relation, die mangelnde Eignung für bestimmte Lerngruppen und die Schwierigkeiten in der Bewertung der Lernergebnisse – angeboten. Zudem macht das Kapitel auf die besonderen Anforderungen an Lehrkräfte abseits ihrer gewohnten Rolle aufmerksam und ermutigt sie dazu, als Lehrende das Wagnis forschend-entdeckenden Lernens auf sich zu nehmen.

Das Kapitel 8 zeigt eine Auswahl forschend-entdeckender Lernarrangements unterschiedlicher Reichweite für verschiedene Anforderungsniveaus. Diese Unterrichtsbeispiele entstammen – teils aktualisiert – der fachdidaktischen Literatur; ebenso wurden einige von Kolleginnen und Kollegen oder sogar Studierenden beigetragen; viele sind von der Autorin selbst entworfen.

Bei den gewählten Beispielen wurde darauf geachtet, möglichst viele unterschiedliche Epochen abzudecken. Forschend-entdeckende Lernarrangements werden schwerpunktmäßig für zeithistorische Problemstellungen angeboten, sind aber in der ganzen Breite historischer Themen denk- und anwendbar. Außerdem wird mit den Beispielen deutlich, dass forschend-entdeckendes Lernen in jeder Schulart und in unterschiedlichen Jahrgangsstufen sinnvoll ist. Zuletzt sieht sich das Kapitel auch kleineren Übungen – und vor allem Beispielen für Einstiege – verpflichtet, die Schülerinnen und Schüler dabei unterstützen, zu Experten in dieser selbsttätigen und selbstverantwortlichen Form der Wissensaneignung zu werden.

2. Vom Wissen- und Könnenwollen

2.1 Wie lernen Menschen eigentlich – ganz ohne Schule?

„[…] [D]ann ist auch wahr, dass sein allerpersönlichstes Wissen jenes ist, das er selbst entdeckt hat."

(Jerome Bruner)

Man muss nur einmal ein Kleinkind beobachten, das versucht, sich selbst anzuziehen oder an ein Spielzeug zu kommen oder mit Besteck zu essen: Das sind alles Fähigkeiten, die das Kind nicht einfach kann, sondern die sich entwickeln. Dazu muss das Kind unermüdlich ausprobieren und Ideen entwickeln, wie es seinem Ziel näherkommen könnte. Manchmal kann das Kind Ältere nachahmen, manchmal ist es auf sich allein gestellt. Ab und zu entdeckt es in den Dingen und Beschäftigungen einen Nutzen, der so gar nicht vorgesehen war.

Was sagt das dem Beobachter? – Der Mensch ist von Natur aus neugierig, er reagiert auf seine Umwelt und ist gewillt, sie sich aktiv anzueignen. „Wenn ein Kind sich selbst überlassen ist, so ist es selbstverständlich, dass es innerhalb bestimmter Grenzen Dinge für sich selbst entdeckt." (Bruner 1961, 16) So macht es sich die Welt verfügbar – manchmal nach eigenen Regeln abseits von Konventionen, oft entsprechend der üblichen Bedeutung.

Kinder entdecken ungelenkt. Das bedeutet, dass dieses Erkunden und Erforschen unsystematisch aufgrund von (oft spontanen) Themenwünschen stattfindet. Allerdings geschieht es zumeist trotzdem nicht isoliert, sondern sinnvoll aufeinander aufbauend: Wenn ein Kind beispielsweise gelernt hat, mit einer Gabel ein Nahrungsmittel aufzuspießen, so wird es das Prinzip auch anderweitig anwenden. Kindlicher Wissensdrang führt also zu einem erlebnis- und interessenorientierten Erkunden und somit zu einer sachorientierten Klärung eines Problems (Loos/Schreiber 2004, 718).

Die das Kind umgebende Wirklichkeit ist dabei ein „Rohmaterial", das es entsprechend eigenen Wünschen nutzen kann (dazu und im Folgenden: Dannenberg 1977, 30 ff.). So kommt es, dass Kinder ihre Umgebung manchmal nonkonform deuten und gebrauchen. Dies mag für Außenstehende merkwürdig erscheinen, doch Kinder profitieren in ihrer Weiterentwicklung von der sinnhaften Merkmalszuordnung. Erziehung in Elternhaus und Schule schränkt diese potenziell unbegrenzte Aneignung ein. Es lenkt sie in Erwachsenen sinnvoll erscheinende Richtungen. Doch nach Dannenberg bleibt eines erhalten: die Grunderfahrung, „dass die Wirklichkeit ein unerschöpfliches Reservoir von zu aktualisierenden Möglichkeiten bietet" (Dannenberg 1977, 34 f.).

Die Schule sieht diese beiläufigen kindlichen Lerninteressen, die häufig sprunghaft und oberflächlich sind, von Moden und kurzfristigen Launen abhängen, durchaus kritisch. Sie versucht einen systematischen Durchgang durch bestimmte Lernfelder und muss einen Rahmen für das Lernen verschiedener Menschen „unter einem Dach" in einer gemeinsamen Lernsituation schaffen. Dabei nimmt sie in Kauf, dass Wissen kontextlos gespeichert wird und Kinder vor allem lernen, wie man sich unhinterfragt anpasst. Zudem vergisst die Schule in der Abgrenzung vom Unsystematischen den Wert des intuitiven Tastens, das in manchem dem systematischen Erkenntnisprozess bereits entspricht. Schon vor und auch neben der schulischen Beschäftigung mit Vergangenheit und vorhandener Geschichte/Geschichtsschreibung wenden Kinder „unbewusst Elemente der historischen Erkenntnisverfahren" an (Handro 2015, 25).

Hinzu kommt als außerunterrichtliche Begegnung mit dem Forschen und Entdecken das – altersunabhängige – Spielen. Über das Spiel ist viel geforscht worden. Es kann als „Aktionsprogramm zum Gewinnen von Erfahrung" beschrieben werden (Hassenstein, zitiert nach: Bernhardt 2010, 16). Oft werden seine Ordnung und Regelhaftigkeit betont und aufgezeigt, dass Spielen einerseits außerhalb von Notwendigem liegt und andererseits Probehandeln für die Wirklichkeit darstellt. Darauf verweisen auch verschiedene Formen des Spiels – „Als-ob"-Spiel, soziales Spiel und konstruierendes Spiel –, die beispielsweise in einem kanadischen „Early-Learning-Programm" angeboten werden (Ministry of Education 2016). Darin zeigt sich: Spielen ist häufig ein forschend-entdeckender Prozess – beispielsweise wenn es um Erfolgsstrategien geht. Johan Huizinga hat auch deshalb die Theorie entwickelt, dass das Spiel – und also der Drang nach forschend-entdeckendem Verstehen – der Ursprung jeder kulturellen Leistung des Menschen sei. Er sprach dabei vom Homo ludens (Huizinga 1938, in dieser Tradition: Warwitz/Rudolf 2016). Dieses zweckfreie Spielen geht dem schulischen Lernprozess voraus und spielt eine wesentliche Rolle im Reifungsprozess von Menschen. Mit Huizinga wird erst im Schulischen die Förderung des Homo faber gegenüber der des Homo ludens dominant. Und mit Piaget wechselt das Kind etwa im schulfähigen Alter vom Symbol- zum Regelspiel, was der Charakteristik schulischen Wissenserwerbs entgegenkommt (Piaget 1975).

Wenn also scheinbar zweckfreie Spielhandlungen doch eigentlich Proben für das Leben und für späteres schulisches Lernen sind, dann muss forschend-entdeckendes Vorgehen selbst im zweckrationalen Vorgehen der Schule einen Platz haben. Schule ist zwar nicht gleich Leben, doch auch Systematisierung, Isolierung und Reduktion in diesem „organisierten, künstlich inszenierten" Prozess (Popp 1994, 66) sollte sich vorhandenes Wissen zur Problemlösung zunutze machen. Ansonsten droht Schule, die „Kontinuität des Verstehens" zu unterbrechen (Dannenberg 1977, 37). Die Aufgabe der Schule besteht darin, einen Conceptual Change zu ermöglichen. Das bedeutet, dass an die „naiven" Theorien der Kinder angeknüpft wird und diese in tragfähige Wissens- und Anwendungsstrukturen überführt werden. Anknüpfen meint, dass vorhandene Überzeugungen thematisiert und ernstgenommen werden, bevor auf ihrer Basis neue Konzepte entstehen (Borries 1992, 70; Fenn 2005; Van Drie/Van Boxtel 2008, 91 und 106).

Interessanterweise ist dieses Vorgehen in der Primarstufe oft noch üblich. Häufig wird dort forschend-entdeckendes Lernen praktiziert. In den weiterführenden Schularten spielt es hingegen eine geringere Rolle – es findet ein Bruch statt, „durch den bereits erworbene Sichtweisen und Methoden selbstständigen und fächerübergreifenden Lernens verloren gehen" (Fichtner-Gade 2004, 49). Unterricht in weiterführenden Schularten war im Jahr 2000 immer noch oft „lehrerInnenzentrierte frontale darbietende Vermittlung" (Maas 2000, 201) und war es fast ein Jahrzehnt laut Forkel später noch immer (Forkel 2009, 91). Heute ist Geschichtsunterricht vielfältiger als je zuvor, wozu insbesondere auch die Kompetenzorientierung beiträgt. Doch das Spiel nimmt darin (noch) keinen herausragenden Platz ein, wenn auch beispielsweise Nachahmung und Rollenspiel im Rahmen des handlungsorientierten Unterrichts etabliert sind und Lernspiele im Zuge der Digitalisierung des Geschichtsunterrichts zunehmend an Bedeutung gewinnen.

Für das forschend-entdeckende Lernen ist es – wie beim Spiel – notwendig zu verinnerlichen, dass es sich nicht entlang schulischer Fächergrenzen vollzieht. Es orientiert sich vielmehr an individuellen und oft komplexen Fragestellungen, die durch Irritationen des Einzelnen entstehen (Zocher 2000a, 3). Forschend-entdeckendes Lernen fördert diese natürliche Fragehaltung. Es stellt damit zwar keine Rückkehr zum kindlichen (spielerischen) Erkundungslernen, aber eine Weiterentwicklung desselben unter den Bedingungen schulischer Wissensvermittlung und Kompetenzorientierung dar.

2.2 Forschendes Lernen – gehört das nicht in den naturwissenschaftlichen Unterricht?

„Nur ein Narr macht keine Experimente."
(Charles Darwin)

Darwins Aussage zur fundamentalen Bedeutung von Experimenten als Ausdruck von Forschung hat im Fach Geschichte keinen Bestand, denn: Vergangenheit ist unwiederbringlich vorbei. Sie entzieht sich der primären Anschauung und ist als unmittelbare „Lehrmeisterin des Lebens" ungeeignet. Geschichte, also Darstellung der Vergangenheit, hingegen könnte diese Lehrmeisterin sein, aber sie ist eine höchst wandelbare, denn: „one past – many histories" (Jenkins 2003, 13).

Aufgrund der Wiederholbarkeit und Verifizierbarkeit von Experimenten im engeren Sinne ist es verständlich, dass forschend-entwickelnde Verfahren mit den naturwissenschaftlichen Unterrichtsfächern assoziiert werden. Dort können die Schülerinnen und Schüler Hypothesen bilden, sie experimentell überprüfen und so Probleme lösen beziehungsweise Problemlösungen nachentdecken. Es ist möglich, dass sie entdeckte Gesetzmäßigkeiten auf neue Fälle transferieren und so Regeln bilden. Martin Wagenschein, ein Physikdidaktiker, hat das immer wieder eindrucksvoll gezeigt (Wagenschein 1989).

Seine Beobachtungen, Versuche und Experimente sind spannend und zeigen eine Fülle von Möglichkeiten, Lernende im forschend-entdeckenden Lernprozess anzuleiten. Im Unterrichtsfach Geschichte sind solche Experimente zwar nicht möglich, dort können Schülerinnen und Schüler allerdings bei Rekonstruktionen und Konstruktionen von Geschichte begleitet werden. Das ist nicht ganz so einfach wie beispielsweise den Auftrieb eines Gegenstandes zu verfolgen oder Würfe zu untersuchen. Die Lernenden haben es nicht mit Unmittelbarem zu tun, sondern mit mehr oder weniger umfangreichen Spuren aus der Vergangenheit, die in die Gegenwart überliefert sind. Wie diese zu „lesen" sind, das lehrt der forschend-entdeckende Zugang im Geschichtsunterricht.

Das „Lesen" der Vergangenheitsspuren ist eine Kopfarbeit und darum schwieriger als die oft multisensorische Anschauung im naturwissenschaftlichen Unterricht, denn der Lernende muss sich vorstellen, was nicht mehr ist, aber entsprechend der Quellenlage gewesen sein könnte (Buck 2012, 164). Bei diesem Prozess rekonstruiert die Schülerin oder der Schüler allerdings viel mehr als nur Antworten auf konkrete Fragen an die Vergangenheit. Ebenso erkennt der Lernende den Wandel, stellt Bezüge zu Themen seiner Gegenwart her und entdeckt Antworten auf die – zumeist unbewusste – Frage nach den eigenen Wahrnehmungs-, Erklärungs- und Beurteilungsmustern (Henke-Bockschatz 2004, 21 f.)

Gerade deshalb hat das forschend-entdeckende Lernen – wenn es auch nicht so umfangreich untersucht ist und weniger empirische Daten vorliegen – seine Berechtigung auch im Geschichtsunterricht. Doch von der Eineindeutigkeit naturwissenschaftlicher experimenteller Anordnungen und der Forderung nach Reproduzierbarkeit kann man nur eingeschränkt sprechen. Besondere Bedeutung gewinnt hingegen das Kriterium der Triftigkeit einer historischen Narration auf der Basis von Quellen. Sie ist ein wesentliches Gütekriterium (Rüsen 1983, 82 ff.). Dabei geht es um sachliche Triftigkeit (fachliche Korrektheit, Zuverlässigkeit) genauso wie um normative Triftigkeit (Relevanz, transparente Norm- und Wertorientierung) und um narrative Triftigkeit (Logik, Plausibilität).

3. Entdeckendes, forschend-entdeckendes und forschendes Lernen im Geschichtsunterricht

3.1 Definitionen

„Um zu begreifen, wozu ein Rad gut ist, muss es tatsächlich immer wieder neu erfunden werden."

(Karin Ernst)

Wenn der Begriff des forschend-entdeckenden Lernens geklärt werden soll, müssen zwei Definitionsrichtungen betrachtet werden. Zum einen geht es darum, wie sich dieser Zugang geschichtsdidaktisch klassifizieren lässt. Handelt es sich beispielsweise um eine Methode, ein Unterrichtsprinzip oder ein Lehrkonzept? Zum anderen sollte definiert werden, was unter „forschend" und „entdeckend" verstanden wird. Beide Fragen werden von Didaktikern höchst verschieden beantwortet. Das forschend-entdeckende Lernen weist eine starke definitorische Unschärfe auf. Am Ende dieses Kapitels wird daher eine Arbeitsdefinition mit normativen Zielsetzungen angeboten, das heißt, die Definition orientiert sich an den erwünschten Werten innerhalb des Prozesses und den angestrebten Ergebnissen forschend-entdeckenden Lernens.

Forschend-entdeckendes Lernen wird beschrieben als:

- Idee, wenn forschend-entdeckendes Lernen noch wenig detailliert als allgemeine Orientierung verstanden wird (Winter 1991, 2).
- Einstellung, wenn der Fachbezug aufgelöst sein soll und es um eine Lebenshaltung geht (Koch 1988, 6).
- Erziehungsprinzip, wenn nicht nur auf schulisches Lernen abgehoben wird, sondern eine generelle Haltung zum Lernen (Filser 1973, 433; Foster 1993, 19).
- Konstrukt, wenn auf theoretischer Ebene von Annahmen über das Lernen von Menschen auf sinnvolle Vermittlungsformen verwiesen wird (Winter 1991, 2).
- Theorie, wenn eine systematische Definition von Merkma-

len des forschend-entdeckenden Zugangs angenommen wird (Hasselhorn/Gold 2006, 262).

- Konzept, wenn Leitsätze des forschend-entdeckenden Lernens als vereinbart gesehen werden (Neber 1999, 227; Zocher 2000b, 25; Thünemann 2011, 2; Sauer 2012a, 137).
- Unterrichtsprinzip/didaktisches Prinzip, wenn es sich um Grundsätze der Unterrichtsgestaltung handelt (Filser 1973, 433; Riedel 1973, 28; Wilde 1981, 7; Knoch 1988, 13; Foster 1993, 28).
- Lehr- oder Lernverfahren/Lehr- oder Lernform/Lehr- oder Lernart/Lehr- oder Lernweg, wenn das Prozesshafte und Schrittweise beim Lehren und Lernen im Mittelpunkt steht. (Eigler u.a. 1973, 52; Hameyer 2002a, 8; Hasberg/Weber 2007, 10; Demantowsky/Waldis 2014, 115; Huber 2014, o. S.)
- Unterrichtsmethode/Technik, wenn konkrete fachspezifische Verfahren der Stoffaneignung gemeint sind (Bruner 1961, 28; Ausubel u.a. 1968, 30; Neber 1981, 285; Knoch 1988, 13 und 1991, 528; Winter 1994, 15).

Eine Definition lässt sich aber auch ganz autonom aus der pragmatischen Überlegung herleiten, was Lernen sein sollte – nicht unbedingt, was es tatsächlich heutzutage ist.

Es handelt sich dabei um den Prozess des Erwerbs von Wissen und Fertigkeiten, der der Sinnbildung und dem Wunsch nach Strategien zur Problemlösung dient. Lernen sollte von ureigenen Fragen ausgehen, die dann entstehen, wenn Unerwartetes, Unerklärliches auftritt. Für den Unterricht kann es schwierig sein, dass Menschen unterschiedliche Fragen haben. Und dass sie verschiedene individuelle Erkenntniswege beschreiten, um ihre Fragen zu beantworten. Unterschiede gibt es, weil Lernen auf persönlichen Vorerfahrungen und Weltsichten beruht und unterschiedliche Lerntypen existieren. Gemeinsame Basis aber können vereinbarte Lerngegenstände sein, die im Zentrum der Untersuchung stehen.

Weiteres zentrales Merkmal des Organisationsprinzips forschend-entdeckendes Lernen ist eine systematische Suche nach

Erkenntnissen. Auch wenn einige meinen, der Begriff des Forschens sei im schulischen Kontext etwas hochgegriffen und deshalb für andere Bezeichnungen plädieren, ist Forschen genau das, was Geschichtsunterricht vermitteln will. Es geht um eine systematische Annäherung an den Gegenstand (Borries 1990, 127). Hans Jürgen Pandel versteht unter historischer Forschung „die verschiedenen wissenschaftlichen Operationen (Kritisieren, Interpretieren, Typisieren etc.), aber auch Techniken wie Quantifizieren und Inhaltsanalyse" (Pandel 2017, 70 f.), zu der auch Schülerinnen und Schüler im Rahmen des kompetenzorientierten Geschichtsunterrichts nach und nach befähigt werden. Das Entdecken hingegen zielt mehr auf „zufällige" Erkenntnisse ab, wenn auch Entdeckungsprozesse nur dort stattfinden, wo Menschen etwas Neues vermuten und sich suchend bewegen. Es kann auch ein Nachentdecken bereits bekannter Wissensbestände und Annahmen über die Vergangenheit meinen. Den emanzipatorischen Charakter und die Einführung in grundlegende wissenschaftliche Vorgehensweisen betont aber der Begriff des Forschens deutlicher (Emer 2007, 544).

Forschend-entdeckendes Lernen ist also der passende Begriff. Er hebt einerseits den Erwerb methodischer Fähigkeiten hervor, selbstständig und systematisch eine historische Frage von persönlichem Interesse auf individuellem Wege zu beantworten. Andererseits erkennt er an, dass Lernende nur selten bisher Unerforschtes erkennen. Er erklärt Nachentdecken zu einer wichtigen Operation und könnte in vielen Fällen also auch forschend-nachentdeckendes Lernen heißen. Nur in der Kombination der beiden Elemente kann ein Unterricht entstehen, der herausfordernd, nicht aber überfordernd ist.

Ob nun entdeckendes Lernen dem forschenden vorausgeht oder andersherum, ist eine Frage der Perspektive: Vor der Entdeckung steht das Forschen nach Antworten, der Fähigkeit zur Nachentdeckung folgt auf einer höheren Kompetenzstufe die Forschung (Boensch 1993, 41; Loos/Schreiber 2004, 715; Thünemann 2011, 2).

Der „Vater“ des forschend-entdeckenden Zugangs im gegenwärtigen Sinne ist Jérôme Bruner. Schon 1961 hat er entdeckendes Lernen beschrieben. In seinem Aufsatz „Der Akt der Entdeckung“ definiert er Entdeckung als „nicht auf den Akt [beschränkt], durch den man etwas herausfindet, das der Menschheit vorher unbekannt war“, sondern als etwas, das „fast alle Formen des Wissenserwerbs mit Hilfe des eigenen Verstandes“ einschließt (Bruner 1961, 16). Ähnlich äußerte sich 2009 Rudolf Messner, der definierte: „Als forschendes Lernen können schulische Arbeitsformen dann bezeichnet werden, wenn sie dem Suchen und Finden von Erkenntnissen dienen, die für die Lernenden neu sind, und in Haltung und Methode analog den Einstellungen und dem systematischen Vorgehen erfolgen, wie es für wissenschaftliches Arbeiten charakteristisch ist.“ (Messner 2009, 23)

Ob also eine objektiv innovative Denkleistung vorliegt, spielt für das forschend-entdeckende Lernen im Geschichtsunterricht keine Rolle. Wichtig ist, dass es sich um eine persönlich bedeutsame und als neu wahrgenommene Erkenntnis handelt, die durch eigenständig bestimmte und selbst vollzogene Lernwege entstanden ist.

Dass Vergangenheit nicht objektiv verfügbar ist, sondern als referierte und dargestellte Geschichte von jedem Einzelnen entdeckt und konstruiert – sowie kollektiv verhandelt – wird, ist eine wesentliche gedankliche Voraussetzung des forschend-entdeckenden Lernens (Pandel 2013, 56 ff.). Diese Konstruktion setzt sich aus zwei Teilen zusammen: der Rekonstruktion von Vergangenheit und der Dekonstruktion von Geschichtsschreibung. Bodo von Borries hat betont, dass die Forderung nach der Rekonstruktion – der Lernende als „eigener Historiker“ – dem Wunsch nach Dekonstruktion – der Lernende als „Buchrezensent, Filmkritiker und Ausstellungsanalytiker“ – voranging (Borries 2009, 140). Damit zeigt er die zunehmende Bedeutung geschichtskultureller Kompetenz, die auch forschend-entdeckend ausgebildet werden kann.

Zusammenfassend kann forschend-entdeckendes (oder in den meisten Fällen – noch genauer – nachentdeckendes) Lernen als selbstständiger, aber durch Strategien des Forschens angeleiteter systematischer Weg der Problemlösung bezüglich eines historischen Gegenstandes bezeichnet werden. Dabei entsteht eine direkte Beziehung zwischen der Schülerin oder dem Schüler und seinem Gegenstand, den – auf unterschiedlich möglichen Wegen – zu verstehen ein wesentliches Ziel dieses Lernens ist.

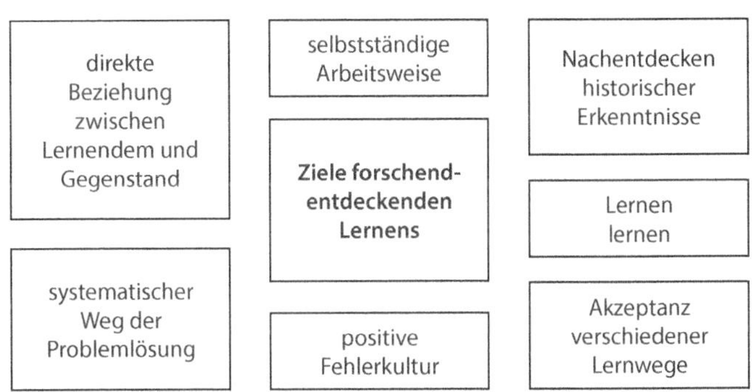

Abb. 1: Ziele forschend-entdeckenden Lernens

3.2 Abstufungen und Abgrenzungen

„eine fast entmutigende Vielfalt von Vorstellungen"

(Heinrich Winter)

Um forschend-entdeckendes Lernen eingrenzen zu können, muss man einerseits das Gesamtsystem der Lehr- und Lernformen und andererseits verschiedene Grade des Forschens oder Entdeckens betrachten.

Hilke Günther-Arndt hat vier verschiedene Lehr-Lern-Konzepte unterschieden: erarbeitenden, aufgabenzentrierten, projektförmigen und erkundenden Geschichtsunterricht (Günther-Arndt 2007, 87). Gautschis Klassifikation fügt darbietenden Unterricht hinzu. Er subsumiert die letzten beiden Formen unter dem Begriff des entdeckenlassenden Unterrichts, der sich dadurch auszeichnet, dass weder das Was noch das Wie vorgeschrieben ist (Gautschi 2011, 74).

Quer zu diesen Überlegungen liegt die Unterscheidung in offene und gebundene Unterrichtsformen. Damit ist noch nichts über das Maß an inhaltlicher Lenkung ausgesagt, wohl aber über den Lernweg. Dieser soll – und das verbindet offenes mit forschend-entdeckendem Lernen – selbstständig, individualisiert und handlungsorientiert sein (Windischbauer 2006, 628 f.).

Nach Borries kann der Charakter des forschend-entdeckenden Lernens – wie der anderer Lernformen – auch lernpsychologisch gefasst werden: Im Gegensatz zum Reiz-Reaktions-Lernen beim darbietenden Unterricht und dem Imitations- und Modelllernen beim erarbeitenden und aufgabenzentrierten Unterricht ermöglicht forschend-entdeckendes Lernen auf kognitiver Ebene Einsichten, in Verbindung mit affektiven Zielen Identität und Balance und vorrangig affektiv betrachtet Phantasie und Kreation (Borries 1988, 85).

Im Nahraum des Kerns forschend-entdeckenden Lernens tummeln sich zahlreiche überlappende Bezeichnungen: Betont wird beispielsweise die Nähe zu problemlösendem, genetischem, sokratischem, handlungsorientiertem, exemplarischem, situiertem, projektförmigem, innovatorischem, partizipatorischem und inquiry-based Lernen. Während manche dieser Formen wesentlicher Bestandteil des forschend-entdeckenden Lernprozesses sind, wie beispielsweise die Fokussierung auf die Problemlösung, weisen andere nur Berührungspunkte auf.

Doch auch das forschend-entdeckende Lernen selbst wird unterschiedlich bezeichnet. Nicht immer sind damit klar unterscheidbare Formen gemeint, wenn beispielsweise von Lernen durch Denken, forschendem, fragend-forschendem, wiederentdeckendem, explorativem oder experimentellem Lernen gesprochen wird.

Wichtig ist, dass forschend-entdeckendes Lernen die Selbstständigkeit des Lernenden in jeder Phase des Lernprozesses in den Mittelpunkt stellt. Von diesem Ideal ausgehend werden Formen der Unterstützung unterschieden. Sie orientieren sich am Bedarf der Schülerin oder des Schülers, an seinen bereits vorhandenen fachspezifischen Kompetenzen. So kommt es, dass sowohl demonstrierendes Arbeiten als auch in unterschiedlichem Umfang gelenkt-entdeckendes sowie freies entdeckendes Lernen gemeinsam den Begriff des forschend-entdeckenden Lernens bilden (Forkel 2009, 69).

Demonstrierendes Arbeiten kann gleichwohl Raum für das Entdecken lassen, wenn durch die Lehrkraft nur Teilschritte vorgemacht werden oder aber alternative Beispiele dargeboten werden und die Schülerin oder der Schüler durch Transfer eigene Problemstellungen bearbeitet. So kann die Lehrkraft beispielsweise zeigen, wie man eine Fragestellung findet, wie historische Probleme analysiert und untersucht werden, wie man aus Quellen Antworten generiert, wie ein Rückbezug auf die Ursprungsfrage und ein Ausblick auf weitergehende Orientierungsbedürfnisse gelingen können (Schmid/Vorbach 1978, 132; Henke-Bockschatz 2004, 17).

Gelenkt-entdeckendes Lernen – auch guided discovery oder inquiry-based learning – ist ein forschend-entdeckender Lernprozess, bei dem alle oder ausgewählte Lernschritte durch Arbeitsanweisungen (zum Beispiel auf Aufgabenkärtchen, durch die ‚Historische Fragehand' oder die ‚Geschichtsforscher-Lupe'), einen Materialpool, Hilfestellungen bei der Hypothesenbildung und/oder arbeitsorganisatorische Unterstützung begleitet werden. Die Idee hinter dieser Form kann die Minderung von Überforderungsempfinden sein. So soll also ungezieltes, möglicherweise fehlerbehaftetes und oberflächliches Herumprobieren vermieden werden. Außerdem ist es so möglich, Schülerinnen und Schüler in ihrem Entdecken etwas zu unterstützen. Trotzdem greift die Lehrkraft möglichst nur subtil ein, so dass der Eindruck der weitgehenden, ermutigenden Selbstständigkeit für den Lernenden bestehen bleibt. Dieser kann das Problem als herausfordernd erkennen und als lösbar erfahren

(Filser 1973, 432 ff.; Mütter 1997; Henke-Bockschatz 2004, 15; Loos/Schreiber 2004, 736; Kremer/Schlüter 2006, 147 f.; Zocher 2000a).

Freies entdeckendes Lernen verzichtet auf jegliche Einflussnahme. Es stellt – selbst in Projekten – die Ausnahme dar. Nur wenige Schülerinnen und Schüler sind in der Lage, alle Schritte des Problemlösungsprozesses selbst zu durchlaufen. Die hohen Abbruchquoten beim Geschichtswettbewerb des Bundespräsidenten sind beispielsweise ein Indiz für die Schwierigkeiten komplett freien Vorgehens (Paufler-Gerlach 2013, 1).

Die Projektarbeit ist eine mögliche Form des forschend-entdeckenden Lernens. Der Begriff des Projekts wird allerdings oft synonym für das forschend-entdeckende Lernen gebraucht. Dies ist insofern stimmig, als jedes Projekt ein forschend-entdeckendes Lernen darstellt. Andersherum muss sich nicht jegliches Forschen und Entdecken in der Großform des Projekts abspielen. Es wäre tatsächlich sogar eine unnötige Einschränkung, nur das Projekt als forschend-entdeckendes Lernen gelten zu lassen. Gleichwohl: Für das Projekt sind Schülerinteressen, Prozess- und Produktorientierung sowie kooperatives Lernen zentral. Dies trifft weitgehend auch für das forschend-entdeckende Lernen zu. Zudem verbindet beide der Aufforderungscharakter des „tua res agitur" – „Es geht dich an."

Schließlich muss noch nach den Bedingungen bestimmter Strukturierungsprinzipien des Geschichtsunterrichts für das forschend-entdeckende Lernen gefragt werden. Der übliche chronologische Durchgang eignet sich nur wenig dafür. In ihn lassen sich aber Elemente des forschend-entdeckenden Lernens in regulären Einzelstunden integrieren. Auch der Längsschnitt bietet nur bedingt Anknüpfungspunkte. Vielversprechender sind der Querschnitt – möglichst an einem lokalen/regionalen Beispiel –, die regressive Problembetrachtung und besonders die Fallstudie.

1. Alte Form: episch-narrativ	**2. Neue Form: demonstrieren**	**3. Mischform**	**4. Gelenktes entdeckendes Lernen**	**5. Freies entdeckendes Lernen**
Vorbereiten: Motivieren durch T, B, K, Überblick *Darbieten:* Erklären eines Verlaufs, Begriffs; schildern von Einzelheiten *Verknüpfen:* Vertiefen, konkretisieren An T, B, Q, Tabellen (illustrativ) *Zusammenfassen:* Lehrervortrag *Üben und anwenden:* Wiederholen, wiedererkennen, an neuen Beispielen mit B, Q, K, Tabellen	*Vormachen* des entdeckenden, fragend-forschenden Lernens durch den Lehrer nach dem Prinzip von 3., 4., als Vorstufe zu 3., 4. *zu beachten:* die einzelnen Phasen aus 1., 2., 4. sollen nicht vermischt werden, sondern in reiner Durchführung aufeinander folgen.	*Darbieten* wie 1 oder demonstrieren wie 2, jedoch unterbrochen durch Arbeitsaufträge (AA) *Funktionen* des Arbeitsauftrags: 1. einem Lehrervortrag unter einer Leitfrage folgen. 2. Üben des Dargebotenen, z. B. Bearbeitung von B, K, Q erläutern. 3. Vertiefung des Dargebotenen, z. B. des Lehrervortrags, durch B, K, Q, oder ihn damit vergleichen, oder ihn mit anderen Darstellungen (Lehrbuch) vergleichen. 4. Transfer an neuen Beispielen bzw. an einem verwandten Gegenstand	*Problemstellung* durch den Lehrer *Fragebildung* durch den Lehrer (Leitfrage, Teilfragen) *Untersuchung* mit Hilfe von Medien (Arbeitsauftrag mittels B, K, Q) *Bewertung* der Arbeitsergebnisse (Diskussion)	*Problemwahrnehmung:* gemeinsam, ggf. durch Materialimpuls *Hypothesenbildung* und kooperative Verlaufsplanung *Arbeitsteilige Untersuchung*, Gruppenarbeit *Gruppenberichte* *Überprüfen* der Thesen im Plenum *Problemdiskussion* (Transfer auf neue Probleme)
T = darstellende Texte, B = Bilder, K = Karten, Q = Quellen				

Formen forschend-entdeckender Lernprozesse in Abgrenzung zum darbietenden Unterricht (nach Schmid/Vorbach 1978, 132)

3.3 Eine kurze historische Einordnung

„Frag nur vernünftig und du hörst Vernünftiges."

(Euripides)

Schon die Philosophie in der griechischen Antike hat sich damit beschäftigt, wie Menschen lernen. Am deutlichsten zeigt sich die Idee des (nach)entdeckenden Lernens in der Maieutik der sokratischen Methode. Platon überliefert beispielsweise in seinen Werken „Menon" und „Theaitetos", dass Sokrates seine Arbeit als geistige ‚Hebammenkunst' gesehen habe. So habe er sie bezeichnet, weil das Wissen nicht durch Belehrung entstehe, sondern der Gesprächspartner durch zielführende Fragen selbst zur Korrektur bisheriger Vorstellungen und zu Antworten und neuem Wissen finde. Auch beim forschend-entdeckenden Lernen ist das zielführende Fragen von zentraler Bedeutung. Der Unterschied ist, dass im sokratischen Dialog der Lehrer, Sokrates, die Fragen stellt, nicht der Lerner selbst. Dies entspricht dem gelenkt-entdeckenden Lernen.

Später hat sich Jean-Jacques Rousseau dem forschend-entdeckenden Lernen gewidmet. In seiner Erziehungskonzeption in „Émile oder über die Erziehung" (1762) steht das aktive Kind im Mittelpunkt. Das kann es – so Rousseau – nur geben, wenn das Kind nicht durch Belehrung, sondern durch Selbsttätigkeit und nichtdirektive Anleitung lernt und dabei lebensnotwendige Erfahrungen macht. Ganz ähnlich hat sich auch Friedrich Wilhelm August Fröbel geäußert, der 1826 meinte: „Bei der Erziehung muss man etwas aus dem Menschen herausbringen und nicht in ihn hinein" (Fröbel 1826, 15).

Auch in der Humboldt'schen Vorstellung der Universität als Lernort scheinen Elemente des forschend-entdeckenden Lernens – allerdings nicht im schulischen Kontext – auf. 1809 schrieb er: „Es ist ferner eine Eigentümlichkeit der höheren wissenschaftlichen Anstalten, dass sie die Wissenschaft immer als ein noch nicht ganz aufgelöstes Problem behandeln und daher immer im Forschen bleiben“ (Humboldt 1809, zitiert nach: Anrich 1956, 377).

Am Anfang des 20. Jahrhunderts arbeitete der amerikanische Pädagoge John Dewey zur Beziehung zwischen Demokratie und Erziehung. Dabei sprach er von der „denkenden Erfahrung“. Seine Erklärung, dass der Vorgang des Denkens „ein Befragen, ein forschendes Betrachten, ein Erkunden der Dinge“ sei, verweist auf forschend-entdeckendes Lernen. Noch deutlicher wird das in folgender Aussage: „Die Aneignung von Gedachtem und Erdachtem kommt erst in zweiter Linie [...]. Alles Denken ist jedoch Forschung ...“ (Dewey 1916, 195). Aus dieser Idee entstand Deweys Projektmethode, die allerdings nur eine mögliche Form des forschend-entdeckenden Lernens ist. Solche Ideen selbsttätigen Arbeitens verfolgten auch andere Pädagogen, wie zum Beispiel Hugo Gaudig, der betonte, dass schon der Schulanfänger die Fähigkeit zum fachgerechten Handeln mitbringe (Herzig/Schwerdt 2002, 45).

In den 1960er und 1970er Jahren veränderten sich die Auffassungen von gutem Lernen stark. In die Schulen flossen nun viele reformpädagogische Ideen ein. Piaget verkündete 1973: „To understand is to invent.“ Er betonte, dass Kinder nur in aktiver Auseinandersetzung mit der Welt lernten. So nahm er Jérôme Bruners Konzept des entdeckenden Lernens von 1961 auf.

3.4 Die pädagogische und geschichtsdidaktische Diskussion

„Die im fruchtbaren Moment emporschießende Erkenntnis ist meist vage und flüchtig, doch sie durchleuchtet blitzartig den ganzen Menschen.“

(Friedrich Copei)

„Von Comenius über Pestalozzi, Diesterweg, Kühnel, Montessori, Dewey bis Wagenschein reicht die stolze Reihe der hervorragenden Pädagogen, die der Überzeugung sind, dass Lernen umso wirkungsvoller ist, je mehr es vom Lernenden als sein eigenes Anliegen betrachtet wird, je mehr der Lernende initiativ und aktiv den Unterrichtsgang bestimmt" (Winter 1994, 14). Diese Idee baut auf den Überzeugungen von Piaget und Aebli auf, die Wissen nur als Wert sehen, wenn es in funktionale Zusammenhänge eingebettet ist (Henke-Bockschatz 1997, 406).

Wie dies geschieht, hängt auch von der Lernerfahrung ab (Fenn 2008). „So können [Grundschul-]Kinder etwa ‚in ausgewählten Inhaltsbereichen' [...] anspruchsvolle Denkleistungen erbringen. Sie vermögen z.B. Hypothesen zu bilden und zu überprüfen, soziale Systeme bewusst wahrzunehmen, haben einen ausgeprägten Wirklichkeitssinn, können sich sprachlich ausdrücken, orientieren sich gezielt in der Zeit, fällen Werturteile, besitzen Gerechtigkeitsverständnis und verfügen auch bereits über ästhetische Wahrnehmung und Problemlösekompetenzen ..." (Buck auf verschiedene Entwicklungspsychologen und Didaktiker verweisend 2012, 163).

Aber die lange Tradition des forschend-entdeckenden Zugangs gründet nicht nur auf der Idee der individuellen Aneignung von Wissen – und für den Geschichtsunterricht von Vergangenheit. Vielmehr entspricht forschend-entdeckendes Lernen elementar historischen Erkenntnisverfahren. Elementar meint hierbei, dass es trotz der starken Ähnlichkeiten „wesentliche Unterschiede zwischen dem Forschungsprozess des Historikers und dem Lernprozess des Schülers" aufgrund des unterschiedlichen Vorwissens, Erfahrungswissens sowie Vergangenheits- und Geschichtsverständnisses gibt. Die aber beiden Zugängen zugrunde liegende historische Methode umfasst Heuristik, Kritik und Interpretation, des Weiteren auch die Darstellung (dazu und im Folgenden: Handro 2015, 25–42).

Im ersten Teil, Heuristik, geht es um die Fähigkeit, mit begrenztem Wissen zu sinnvollen historischen Fragen und Hypothesen zu kommen und dabei den bisherigen Forschungsstand und die Quellenlage für sinnvolle Annäherungen zu nutzen. Dies entspricht den Arbeitsschritten 1 bis 3 des forschend-entdeckenden Lernens – Entwickeln einer Fragestellung, Strukturieren des Lernprozesses und Recherchieren. Der zweite Teil, Kritik, wendet sich der Quellenkritik zu. Er bildet damit den Arbeitsschritt 4 des forschend-entdeckenden Lernens teilweise ab – das Sammeln. Die Interpretation stellt den dritten Teil der historischen Methode dar. Damit ist das Ordnen und Systematisieren sowie Narrativieren der Quellenaussagen gemeint, was sich in den Arbeitsschritten 4 bis 5 spiegelt. Im vierten Teil, Darstellung, geht es schließlich nicht mehr um den Erkenntnisprozess, sondern die Kommunikation der Erkenntnisse. Dies deckt sich mit dem Arbeitsschritt 6 des forschend-entdeckenden Lernens.

Diese Ähnlichkeit zwischen forschend-entdeckendem Lernen und dem historischen Erkenntnisverfahren bedingte, dass die grundsätzliche Eignung von forschend-entdeckenden Zugängen nicht in Zweifel gezogen wurde. Vielmehr wurde kontrovers die Eignung für den Geschichtsunterricht – also die praktische Umsetzung und der Stellenwert – diskutiert.

Dies geschah in der Konstitutionsphase des entdeckenden Lernens im Unterricht – also Ende der 1960er und Anfang der 1970er Jahre – zuerst fachunspezifisch. Damals fand eine wichtige Auseinandersetzung zwischen dem Psychologen Jérôme Bruner auf der einen Seite sowie den Bildungswissenschaftlern David Ausubel, Joseph Novak und Helen Hanesian auf der anderen Seite statt. Ihre Debatte zeigt, wo bis heute definitorische Unschärfen bestehen und unterschiedliche Akzentuierungen vorgenommen werden. Manches mutet heute gar als Scheingefecht an, wenn man die 1968 verfasste Replik auf Bruners Beitrag von 1961 betrachtet (dazu und im Folgenden: Ausubel u.a. 1968, 30–44):

Erstens: Der These, dass Lernende etwas nur dann tatsächlich wissen, wenn sie diese Erkenntnis selbst oder durch eigene Einsicht entdeckt haben, wird die Überzeugung gegenübergestellt, dass die meisten Einsichten von anderen entdeckt wurden und dem Lernenden in unterschiedlichen, sinnvollen Arten übermittelt werden können.

Zweitens: Bruner argumentiert, dass Erkenntnisse verbalisiert werden müssen, Ausubel und seine Kollegen halten dies nicht nur für unnötig, sondern sogar für schädlich. Bezogen auf den Geschichtsunterricht ist Bruners Auffassung zu bevorzugen. Wie sonst entstand die Forderung nach narrativer Kompetenz? Die Aneignung von Vergangenheit als Geschichte – das legt bereits die zweite Bedeutung des Wortes im Sinne von „Erzählung" nahe – wird allein durch Sprache vermittelt, denn ihr fehlt die unmittelbare Anschaulichkeit naturwissenschaftlicher Phänomene.

Drittens: Ausubel, Novak und Hanesian stellen auch den Vorrang der Problemlösefähigkeit vor dem Inhalt in Frage. Darüber hinaus sind sie der Überzeugung, dass kritisches Denken nicht als eine generalisierte Fähigkeit gelehrt werden kann, sondern stets nur fachspezifisch und exemplarisch. Deshalb fragen die Kritiker auch – berechtigt – nach dem Verhältnis von Aufwand und Nutzen beim entdeckenden Lernen.

Viertens: Bruner begründet sein Plädoyer für das entdeckende Lernen mit seiner Ablehnung autoritärer Unterrichtsmethoden, zu der er darbietenden Unterricht zählt. Dem widersprechen Ausubel und Kollegen, indem sie erstens für abwechslungsreiche Vermittlungsformen eintreten und zweitens die positiven Wirkungen von Autorität herausstellen.

Fünftens: Daran anschließend betonen Ausubel, Novak und Hanesian, dass Lernsituationen stets in hohem Maße strukturiert, reduziert und geschickt programmiert sein müssen, da sie als künstliche Situationen nicht realem Leben und dort vorhandenem reinen Entdecken entsprechen. Bruner aber betont, dass Lernende Konstrukteure ihres Wissens werden müssen. Beide Positionen bleiben empirisch unbewiesen, und in beiden Fällen erscheint es möglich, Interesse und Motivation zu wecken. Viel wichtiger ist möglicherweise auch, ob Schülerinnen und Schüler in der Lage sind, sich selbst als Urheber einer (Teil-)Leistung anzuerkennen.

Jérôme Bruner war trotz der empirischen Schwächen seiner

Untersuchung der Meinung: „Das Beste, was ich Ihnen in jedem Fall empfehlen kann, ist dies: ein pädagogisches Vorgehen zu entwerfen, das zum Erfolg führt, und von dort aus rückwärts zu analysieren. Später kann man dann Hypothesen darüber aufstellen, welche Determinanten das eigene Verhalten wohl beeinflußten …" – Angesichts der empirischen Schwierigkeiten von Unterrichtsgeschehen ist das vielleicht ein guter Tipp eines Pragmatikers. Auch die Wertschätzung in der Praxis kann schließlich ein Argument sein.

In Deutschland etablierte sich das forschend-entdeckende Lernen als Organisationsprinzip nach der 1968er-Bewegung. Der Neuaufbruch unter dem Schlagwort „Mehr Demokratie wagen!" mit dem Kampf gegen Autoritäten – „Unter den Talaren Muff von 1000 Jahren" – beförderte emanzipatorische Methoden, auch im Geschichtsunterricht. Es brauchte allerdings Zeit, bis diese in der Schule wirksam wurden. Einer der ersten Ansätze war die Schaffung des Geschichtswettbewerbs des Bundespräsidenten 1973, der seitdem für das forschend-entdeckende Lernen schlechthin steht.

In der Tradition von Bruner näherten sich die deutschsprachige Pädagogik und – fachspezifisch – die Geschichtsdidaktik dem forschend-entdeckenden Zugriff. Horst Rumpf (1971), Karl Filser (1973), Heinz Neber (1974), Günter Neff (1975), Wolfgang Hug (1977), Peter Knoch (1977), Heinz-Dieter Schmid und Klaus Vorbach (1978) lieferten wichtige Impulse für einen Geschichtsunterricht, der nicht mehr Arbeits-, sondern Denkfach sein sollte.

Wolfgang Hug machte 1980 allerdings auch klar, dass allein die Wertschätzung des forschend-entdeckenden Lernens für langfristige Änderungen des Geschichtsunterrichts nicht ausgereicht habe, denn das Konzept sei „leidenschaftlich rezipiert und diskutiert, dann probiert und schließlich vergessen" worden (Hug 1980, zitiert nach Knoch 1988, 6).

Die fachdidaktische Auseinandersetzung mit dem forschend-entdeckenden Lernen riss jedoch nie ab. Während sich einige Wissenschaftler mit dem Geschichtswettbewerb des Bundespräsidenten auseinandersetzten, nahmen andere Schulbücher in den Blick oder befassten sich ganz allgemein mit Öffnungen des Geschichtsunterrichts.

Seit der Jahrtausendwende sind verstärkt Publikationen zum Thema erschienen: Neben der selbstverständlichen Aufnahme in Handbüchern, Sammelbänden allgemeinerer Natur und Überblickswerken hat forschend-entdeckendes Lernen auch seinen Platz in Werken, die sich beispielsweise mit dem Lernen im Sachunterricht (Buck 2012), mit der Geschichts-AG (Beck in Messner 2009), dem Archiv (Beck 2010) und dem Geschichtswettbewerb des Bundespräsidenten (Eggert 2005) auseinandersetzen. 2000 hat Ute Zocher „Entdeckendes Lernen lernen" veröffentlicht, 2007 publizierten Fachkollegen das Buch „Geschichte entdecken" anlässlich des 70. Geburtstags von Karl Filser, 2009 erschien Annette Forkels Dissertation „Entdeckendes Lernen mit Lernspielen" und 2011 schrieb Holger Thünemann über „Schüler als Forscher" – um nur einige, größere Publikationen zu nennen.

Die Hinwendung zum kompetenzorientierten Unterricht seit den 2000er Jahren hat sicher die Wertschätzung des forschend-entdeckenden Zugangs noch einmal deutlich befördert. Zusammenfassend galt (und gilt) als kleinster gemeinsamer Nenner:

1. Fachunterricht profitiert von Vielfalt, deren Bestandteil forschend-entdeckendes Lernen ist.
2. Der Wert forschend-entdeckenden Lernens liegt im wissenschaftspropädeutischen Charakter und der unterrichtlichen Umsetzung der Erkenntnis, dass jeder Mensch Vergangenes als Geschichte subjektiv konstruiert.
3. Forschend-entdeckendes Lernen zeigt bereits früh erste Ansätze kompetenzorientierten Unterrichts, weil es hier nicht um das Nachahmen von Mustern geht, sondern um eine „domänenspezifische Problemlösefähigkeit" (Pandel 2005, 24), die den Transfer einbezieht.

Bis die jeweils diskutierten Überzeugungen Eingang in den Geschichtsunterricht fanden, dauerte es – naturgemäß – einige Zeit. In den 1970er Jahren sorgten erste Schulbuchautoren wie Heinz Dieter Schmid („Fragen an die Geschichte", ab 1975) und Karl Filser („Geschichte entdecken", ab 1977) dafür, dass Arbeitsteile in Geschichtsbüchern ihrem Namen auch im Sinne des forschend-entdeckenden Lernens gerecht wurden. Heute bieten mehrere Geschichtsbücher der neuesten Lehrbuchgeneration forschend-entdeckende Zugänge – vor allem auch Aufgaben, in denen Teiloperationen des gesamten Prozesses eingeübt werden – an, wie beispielsweise „Zeitreise" (Nordrhein-Westfalen, ab 2011) oder „Geschichte und Geschehen" (Bayern, ab 2017). Ebenso können Zusatzmaterialien genutzt werden, wie beispielsweise das Lehrmittel „Hinschauen und Nachfragen", das das Thema „Schweiz und Nationalsozialismus" forschend-entdeckend aufbereitet (dazu Gautschi 2006).

Doch wie steht es um empirische Belege zur Wirksamkeit des forschend-entdeckenden Ansatzes? Ein halbes Jahrhundert nach den Kontroversen zwischen Bruner und Ausubel, 40 Jahre nachdem die deutsche Geschichtsdidaktik begann, sich intensiver mit entdeckendem Lernen zu beschäftigen, steht die Ergebnisqualität im Mittelpunkt, wenn es um die Güte von Geschichtsunterricht geht. Derzeit sind – im Zuge der Kompetenzorientierung – „Output" und „Outcome" wichtige Schlüsselworte. Die Frage ist also, ob forschend-entdeckendes Lernen zu besserem historischen Lernen im Geschichtsunterricht führt. Und ob diese Leistung den Bildungszielen dient. Einzelbefunde scheinen das zu stützen.

Zu manchen Aspekten lassen sich mit einiger Plausibilität Erkenntnisse zum forschend-entdeckenden Lernen aus dem naturwissenschaftlichen Unterricht übernehmen. Exemplarisch ist Johannes Reitingers Studie aus dem Jahr 2013 zu nennen, die zeigen konnte, dass das forschend-entdeckende Lernen die Selbstwirksamkeitserwartung signifikant erhöht (Reitinger 2013, 160f.).

Fachspezifische empirische Untersuchungen zu einzelnen Aspekten historischen Denkens, Verstehens und Narrativierens liegen ebenso vor:

Jan Hodel und Monika Waldis haben noch 2007 herausgefunden, dass „bei rund der Hälfte der [schulischen] Arbeitsaufträge die Bearbeitungszeit unter fünf Minuten liegt. Bei einem weiteren Viertel dauert die Bearbeitungszeit zwischen fünf und zehn Minuten" (Hodel/Waldis 2007, 136). Die Konstruktion eigener Überzeugungen und erst recht tatsächlich forschend-entdeckendes Lernen scheint in solchen zeitlichen Dimensionen kaum möglich, es bleibt also – zumindest im gebundenen Unterricht – oft noch die Ausnahme.

Bernd Schönemann, Holger Thünemann und Meik Zühlsdorf-Kersting haben 2010 empirische Befunde zu Abiturklausuren publiziert. In dieser Untersuchung wurde klar, dass über alle Ausprägungen historischen Denkens hinweg größere Schwierigkeiten in der Versprachlichung zu verzeichnen waren. Schülerinnen und Schüler waren oft nicht in der Lage, ihre Gedanken (fach)sprachlich angemessen zu fassen (Schönemann/Thünemann/Zühlsdorf-Kersting 2010, 124). Andere Studien kamen – in anderen Studienkontexten – wahlweise zu ähnlich skeptischen Ergebnissen (Hodel 2013, 329) oder aber zu deutlich positiveren Befunden (Baricelli 2005, 273 ff.) hinsichtlich der Fähigkeit zur Narrativierung. Es kann vermutet werden, dass die Bedeutsamkeit des eigenen Themas zu besseren narrativen Leistungen führt, ebenso aber wäre es möglich, dass die Selbstständigkeit in der Bearbeitung zu weniger systematischen Narrationen führt. Sicher ist: Da es im forschend-entdeckenden Lernprozess wesentlich auch um die Präsentation der Befunde geht, spielt die narrative Kompetenz eine entscheidende Rolle.

Christian Spieß hat den Umgang mit Quellen im Geschichtsunterricht untersucht. Diese spielen auch und gerade im forschend-entdeckenden Lernen eine wichtige Rolle. Er konstatiert, dass viele Lernende über ein theoretisches Methodenwissen zur Quellenarbeit verfügen, dieses aber oft nicht selbstständig einsetzen können, um quellenkritisch zu arbeiten (Spieß 2014, 103 ff.).

Empirisch belegbar ist mit Saskia Handros und Annette Forkels Untersuchungen für den Geschichtsunterricht, dass historisches Wissen vom Menschen aktiv aufgebaut werden muss und in jedem Einzelnen als subjektive Wirklichkeit konstruiert wird (Handro 2014, 119; Forkel 2009, 50). Forschend-entdeckende Arrangements kommen dieser Überzeugung entgegen, da sie individuelles Lernen befördern.

Die umfangreichste Studie – allerdings ist auch diese in den beobachteten 41 Geschichtslektionen nur über im „Normalunterricht" durchgeführte Teilaspekte mit dem forschend-entdeckenden Ansatz verbunden – liegt von Peter Gautschi vor. Die Erkenntnisse lassen sich gut auf das forschend-entdeckende Lernen übertragen, weil dort nach allgemeinen Gütekriterien guten Geschichtsunterrichts gefragt wurde. Es sprechen mehrere Ergebnisse für das Forschen und Entdecken: Schülerinnen und Schüler wünschen sich für den Lernprozess ein faszinierendes Thema und erfolgreiches Verstehen. Ersteres ist bei einem eigenen Thema deutlich wahrscheinlicher, Letzteres ergibt sich in der Bearbeitung auf einem eigenen Lernweg. Lehrende betonten für den Prozess die Wichtigkeit einer aktiven Haltung der Schülerinnen und Schüler (Gautschi 2011, 151 ff.). Im Ausblick bietet Gautschi empirisch abgesichert generelle Hinweise für erfolgreiches Lernen: Die Anregung durch Lernaufgaben spricht dabei für ein gelenkt entdeckendes Vorgehen (Gautschi 2011, 268).

Aber: Forschend-entdeckendes Lernen ist in seiner Gesamtheit noch zu wenig empirisch untersucht. Wobei mit einigem Recht gefragt werden kann, inwieweit eine solche Studie belastbare Ergebnisse erbringen kann – ähnlich der Feststellung von Bohl und Kucharz zu offenem Unterricht: „Die Erforschung von offenem Unterricht ist aufgrund der großen Unterschiede in der Konzeption und Begrifflichkeit sowie der Komplexität des Geschehens bisher nur ansatzweise möglich." (Bohl/Kucharz 2010, 82)

4. Potenziale forschend-entdeckenden Lernens

„Historisches Lernen ist ein Denkstil und nicht das Akkumulieren von Wissen."

(Hans-Jürgen Pandel)

Was sollen Schülerinnen und Schüler im Geschichtsunterricht lernen? Die Geschichtsdidaktik antwortet darauf: historisches Denken. Es ist eine Fähigkeit, das Universum des Historischen zu begreifen, ein Zusammenspiel verschiedener Teilkompetenzen. Diese sollen dazu führen, dass ein Mensch sich die Vergangenheit deutend aneignen kann (Rüsen 2008, 61). Dazu gehören Sachkenntnisse ebenso wie Methoden beispielsweise historische Re- und Dekonstruktion, Urteilsbildung und Narration.

Der eigentliche Wert forschend-entdeckenden Lernens mag darin liegen, dass es ein Zugang ist, der „den Kindern erlaubt, Sachverhalte selbst zu entdecken und zu überprüfen und über das zu berichten, was sie gefunden haben" (Barker, zitiert bei Foster 1993, 46).

4.1 Kompetenzerwerb und historisches Lernen

„Wer seine Geschichte nicht erzählen kann, existiert nicht."

(Salman Rushdie)

Michele Barricelli, Peter Gautschi und Andreas Körber vermerken im ‚Handbuch zur Praxis des Geschichtsunterrichts', dass die Theoriebildung zum kompetenzorientierten Lernen in der Geschichtsdidaktik kompetitiv verlaufen sei. Daher seien viele unterschiedliche Modelle in Gebrauch. Das spiegelt sich auch in Lehrplänen und Lehrbüchern. Es gibt Konzepte mit wenigen Kompetenzen, es gibt solche mit vielen. Bei manchen Strukturen bilden die Kompetenzen einen Prozess, bei anderen stehen sie nebeneinander. Eine Diskussion der konkurrierenden

Modelle ist nicht der Sinn dieses Buches (Barricelli u.a. 2012, 211 ff.).

Als Arbeitsgrundlage kann aber festgestellt werden: Forschend-entdeckendes Lernen erfüllt zentrale Forderungen eines kompetenzorientierten Unterrichts, wenn es Lerngelegenheiten auf der Basis von Orientierungsbedürfnissen von Lernenden bereitstellt, Problemstellungen in den Mittelpunkt stellt, Materialreichtum (Quellenreichtum) in der Lösung der historischen Fragestellungen fordert und individualisierte Lösungsprozesse zulässt (Rüsen 1985, 254). Und dies tut es, indem spiralförmig Fragen an die Vergangenheit immer wieder und immer anders gestellt werden können. Damit trägt forschend-entdeckendes Lernen zum Verstehen bei, denn „Verstehen ist keine lineare, sondern eine zirkelhafte Denkoperation" (Pandel 2017, 93).

Im Sinne dieses mehrfachen Durchlaufens mit einem graduellen Kompetenzzuwachs soll das fachspezifische Kompetenzmodell der FUER-Gruppe benutzt werden, um nach dem Wert des forschend-entdeckenden Lernens für kompetenzorientierten Geschichtsunterricht zu fragen. Dieses Modell unterscheidet vier Kompetenzbereiche: Frage-, Methoden-, Orientierungs- und Sachkompetenzen. Sie lassen sich sowohl nebeneinander als Teilkompetenzen verstehen als auch hintereinander geordnet als Elemente des historischen Denkprozesses. Zudem ermöglicht das Modell eine Graduierung von Kompetenzen (dazu und im Folgenden: Schreiber u.a. 2006; Nellen 2010).

Die Sachkompetenzen des Modells werden in der folgenden Betrachtung ausgespart, weil ihre Einübung kein entscheidendes Alleinstellungsmerkmal bzw. keinen dezidierten Schwerpunkt des forschend-entdeckenden Lernens darstellt. Im Fokus eines selbstgesteuerten Lernprozesses müssen die Fragen stehen: Wer sich nichts fragt, wird keine Antworten suchen. Mütter meint: „[A]llenfalls findet – nach der Volksweisheit – ein blindes Huhn auch mal ein Körnchen" (Mütter 1997, 148). Es geht also darum, eine Verunsicherung aus dem Bereich des Historischen in eine Frage zu überführen. Das heißt, erstens eine Frage fassbar zu machen, indem der Lernende sie ausdrücken kann und dabei den Kern seines Informationswunsches trifft. Das heißt, zweitens, zu erkennen, ob diese Frage beantwortet werden kann. Hans-Jürgen Pandel bemerkt nämlich zu Recht: „Wer in der Wissenschaft [und ebenso im forschend-entdeckenden Unterricht] fragt, muss sich selbst die Antwort geben, oder besser: Er muss sich seine Antwort selbst suchen“ (Pandel 2017, 80). Auf einem höheren Erkenntnisniveau beinhaltet die Frage gleichzeitig das Bewusstsein, dass die Art der Fragestellung die historische Sinnbildung mitbestimmt.

Das gezielte Fragen führt dann zu Bearbeitungsschritten, die die Methodenkompetenz berühren. Dabei geht es um De- und Rekonstruktionsprozesse anhand historischer Quellen und – auch das ist möglich – Darstellungen. Diese Fertigkeiten bei der Bewältigung der Unsicherheiten sind eine Voraussetzung, um Orientierungskompetenzen zu entwickeln. Das bedeutet, Erkenntnisse über die Vergangenheit auf die eigene Gegenwart, Person und Umwelt zu beziehen, sich also des Wandels bewusst zu werden. Diese Erfahrung soll dann gewinnbringend für die eigene Gegenwart und Zukunft genutzt werden.

Im Prozessmodell historischen Lernens nach Peter Gautschi ist das forschend-entdeckende Lernen deutlich zu verorten. Hierbei entsteht die Frage oder Vermutung bestenfalls aus einer eigenen Verunsicherung über einen Aspekt aus dem Universum des Historischen, was zur gezielten Wahrnehmung von Quellen und Darstellungen führt (Gautschi 2011, 49). Das forschend-entdeckende Lernen weist durch die grundsätzliche Unbegrenztheit nutzbarer Materialien diesem Schritt besonders hohe Bedeutung zu, insbesondere kann sich der Schritt mehrfach wiederholen. Die Quellen und Darstellungen zu erschließen, ist wesentlicher Bestandteil der Sachanalyse, die dann in eine Interpretation übergeht. Der Unterschied liegt darin, dass zunächst einmal wahrgenommen werden muss, welche Inhalte und Perspektiven vorhanden sind, bevor diese geprüft, gedeutet und eingeordnet werden können. Erst nach einem so entstehenden Sachurteil kann der Lernende eine von gegenwärtigen Erfahrungen ausgehende Sinnbildung vornehmen, die in ein Werturteil mündet, das der Schülerin oder dem Schüler erlaubt, sich besser historisch zu orientieren. Orientierung kann dabei eine innere Veränderung des Geschichtsbewusstseins ebenso meinen wie die Fähigkeit zur Kommunikation über Historisches und/oder angepasstes Handeln in Gegenwart und Zukunft. Damit aber ist der Kreis des historischen Lernprozesses nur einmal durchlaufen. Gerade forschend-entdeckendes Lernen bleibt bei diesem Resultat oft nicht stehen, ergeben sich doch aus gewonnenen Erkenntnissen oft neue Unklarheiten, Erkenntnisbedürfnisse und gegebenenfalls auch Widersprüche, die neue Fragen aufwerfen.

4.2 Gegenwarts- und Lebensweltorientierung

„Gegenwartsbewältigung ist die beste Vergangenheitsbewältigung."

(Manfred Hinrich)

Lebenswelt- und Gegenwartsbezug gehen häufig Hand in Hand. Schließlich ist die Lebenswelt jedes Lernenden ein erfahrbarer Ausschnitt aus der Gegenwart. Viele Schülerfragen gehen ganz natürlich vom eigenen Erfahrungsraum aus. Fragen beginnen dann häufig mit „Woher kommt eigentlich …?"

Bedürfnisse, die aus der eigenen Lebenswelt entstehen, haben oft wesentliche Identitätsbezüge. Der Schüler oder die Schülerin fragt nach Geschehenem, um sich seiner/ihrer selbst klarer zu werden. Eventuell entstehen daraus sogar Rückwirkungen auf eigenes Verhalten.

Es lohnt sich also Vergangenheit im Geschichtsunterricht als ein weites, einladendes Feld spannender Fragen mit Gegenwartsbezug zu präsentieren. Die Vergangenheit hat dabei verschiedene Aufgaben, die sich allesamt durch einen impliziten oder expliziten Vergleich mit der Gegenwart des Lernenden ergeben: Sie kann fremd sein und als Alteritätserfahrung dazu herausfordern, zum Fremden Stellung zu beziehen. Sie kann aber auch das Fremde als fremd tolerieren und akzeptieren. Sie kann die Frage aufwerfen, ob die Erkenntnisse etwas für das gegenwärtige Leben bringen. Sie kann als Geschichtsschreibung wahrgenommen werden und mahnen, dass Geschichte von Nachlebenden „gemacht" wird. Insgesamt soll sie etwas sein, von dem Schülerinnen und Schüler erkennen, dass sie persönlich davon betroffen sind.

4.3 Gesellschaftsbezug

„Die Gesellschaft ist ein unentbehrliches Mittel zur Bildung."

(August Wilhelm von Schlegel)

Es scheint kein großer Unterschied zu sein zwischen der Gegenwartsorientierung und dem Gesellschaftsbezug. Letzterer ist ein Ausschnitt aus der Orientierung auf das Jetzt. Hinter dem gesellschaftlichen Auftrag forschend-entdeckenden Lernens verbirgt sich der Wunsch nach Erziehung zu demokratisch-freiheitlichen Grundwerten: „Mit diktatorischem Lehrerverhalten kann man nicht zur Demokratie erziehen. Mit geschlossenem Unterricht kann man keine Offenheit für Kontroversen erzielen. Mit rechthaberischer Benotung kann man nicht tolerante Kommunikation fördern." (Borries 1992, 100)

Das erste Argument stimmt sicher, aber ist beispielsweise fragend-erarbeitender Unterricht tatsächlich diktatorisch? Das zweite Argument scheint logisch, doch lassen sich bereits bestehende Kontroversen (anderer) nicht auch eng geführt erarbeiten? Das dritte Argument ist korrekt, doch ist die Benotung forschend-entdeckender Lernprozesse nicht auf andere Weise höchst schwierig – und ebenso lehrerabhängig?

Borries zeigt auf, wie man demokratisches Verhalten im Geschichtsunterricht fördern beziehungsweise hemmen kann. Dies tut er in einer Denkrichtung, die zahlreiche Zugänge zur Vergangenheit in den Blick nimmt – auch das forschend-entdeckende Lernen. Was aber stellt forschend-entdeckendes Lernen in diesem Zusammenhang heraus?

Erstens: Es wird durch eine relevante Fragestellung ausgelöst. Diese kann individueller Natur sein, oft ist sie aber (zugleich) von gesellschaftlicher Relevanz und hat daher einen Bezug zu einer größeren Öffentlichkeit. Zweitens: Es fördert Methoden, die darauf abzielen, mit historischen Quellen und Darstellungen selbstständig, kritisch und reflektierend umgehen zu können. Und drittens: Es steht für selbstverantwortliches Lernen, das ein Teil selbstverantwortlichen Lebens ist.

4.4 Schülerorientierung

„Habe Mut, dich deines eigenen Verstandes zu bedienen.“

(Immanuel Kant)

Gelingendes forschend-entdeckendes Lernen ist ermutigend. Es sagt: „Das hast du aus dir heraus geschafft/geschaffen.“ Bereits dort, wo dieses Organisationsprinzip nach den subjektiven Lernbedürfnissen fragt – dem Wunsch nach Erkenntnis, nach Erfolg und Anerkennung, nach Aneignung bestimmter Fertigkeiten –, orientiert es sich am Schüler/an der Schülerin.

Alle in diesem Kapitel bereits behandelten Aspekte – Kompetenzerwerb, Gegenwarts- und Lebenswelt- sowie Gesellschaftsbezug – unterstützen die Schülerorientierung.

Sie soll hier trotzdem vor allem unter dem Aspekt des Motivationalen noch einmal aufgegriffen werden. Der Schulpädagoge Uwe Hameyer schreibt dazu: „Erfahrungen, die durch selbsttätigen, formativen Umgang mit Sachen und Organismen gewonnen werden, haben einen hohen […] Motivationswert“ (Hameyer 2002b, 123).

Motivierend ist zuerst einmal die Erfahrung, nach eigenen Orientierungsbedürfnissen gefragt zu werden – das macht das sogenannte Identitäts- und Balancelernen aus (Borries 2009, 127). So können Schülerinnen und Schüler ein Thema auswählen, sich auf die ihnen interessant erscheinenden Aspekte konzentrieren und es so zu ihrem eigenen machen. Wenn dies geschieht, werden sie erfahrungsgemäß aktiv(er) (Thünemann 2011, 1).

Es ist ein Rückgriff auf die kindliche Neugier, auf die Lust am Entdecken, auf den explorativen, investigativen und dabei oft spontanen Weg der Erkenntnissuche. Und es ist ein Vorgriff auf gesellschaftlich erwünschte Lebenshaltungen in einer demokratischen Gesellschaft: Autonomie, Offenheit, Konfliktfähigkeit, Kreativität und Kompromissbereitschaft. Es entstehen – trotz aller Regeln des immer noch schulischen gemeinsamen Lernens – individuelle Handlungsoptionen, die dafür sorgen, dass sich die Schülerin/der Schüler als ernstgenommener Akteur, Produzent und Eigentümer des Entdeckten erlebt. Das heißt, dass Schülerinnen und Schüler erfahren können, dass Lebens- und Schulwelt nicht voneinander isolierte Bereiche, sondern einander nützlich sind. Von Borries hat das plakativ in die Worte gefasst: „Wer bei den in allen Schulbüchern andächtig gepflegten Quisquilien [Belanglosigkeiten] der altrömischen Verfassung kapituliert, würde sich durchaus durch den Instanzenwirrwarr des NS-Staates durchbeißen, wenn er die Information wirklich zur Problemlösung brauchte." (Borries 1992, 95 f.)

Ohne Frage ist für dieses Vorgehen der Wille zum Lernen unbedingt notwendig. Forschend-entdeckendes Lernen lässt sich nicht verordnen, sondern nur schmackhaft machen. Genau dies gelingt aber, wenn die Themen an vorhandenes Wissen und Erfahrungen anknüpfen, persönliche Bezüge zur Frage bestehen und unterschiedliche Lösungswege akzeptiert sind; wenn Fehler honoriert werden und die Bedeutsamkeit der Erkenntnisse betont wird. Dazu gehört auch, spontane und naive Fragen ebenso aufzugreifen wie informelle Unterrichtssituationen als Ausgangspunkt wahrzunehmen (Knoch 1988, 7; Loos/Schreiber 2004, 737).

Spannend kann für Schülerinnen und Schüler auch sein, sich mit anderen darüber zu verständigen, warum man bestimmte Untersuchungswege gewählt hat. Das bedeutet zu schauen, weshalb man bestimmte Lösungen gesehen oder nicht entdeckt hat, welche Vorannahmen wirksam sind – mithin welche Brille man beim historischen Lernen trägt. (Henke-Bockschatz 1997, 408 f.) Standortgebundenheit lässt sich hier unaufgesetzt spiegeln. So werden Vorurteile nicht nur akzeptiert, sondern als wesentlicher Bestandteil des historischen Arbeitens gewürdigt. In der Beschäftigung mit dem Thema kann ein reflektiertes neues Urteil stehen. Es ergibt sich bestenfalls im forschend-entdeckenden Lernprozess durch die Konfrontation mit historischen Tatsachen, durch das Analysieren von Sachzusammenhängen, durch historische Begründungen und Triftigkeiten, durch den Abgleich mit den Auffassungen anderer Beteiligter und durch das Nachdenken über eigene Wertungen (Schönemann 1992, 54).

Das eben Beschriebene klingt einfach, stellt aber eine große Hürde dar. Dazu gehört nämlich, Fehler und Irrtümer als produktiv zu betrachten. Das erfordert Selbstvertrauen – gerade auch in einem schulischen Umfeld, das Fehler allzu oft nur als defizitär versteht.

Es braucht für forschend-entdeckendes Lernen also ein besonderes Verständnis von gelingendem Geschichtsunterricht. Edeltraud Loos und Waltraud Schreiber haben die Anforderungen zusammengefasst: „Es bestärkt Schüler in ihrer natürlichen Fragehaltung, hält Neugier und Wissbegierde wacht, regt an zu beobachten, sich verschiedener Informationsquellen zu bedienen, sich eigene Ziele zu setzen, nach Lösungen zu suchen, eigene Aktivitäten selbst zu planen, Entscheidungen zu fällen, eigene Lernschritte am Erfolg zu messen, Lernstrategien auch in lebensweltlichen Lernbereichen außerhalb der Schule anzuwenden.“ (Loos/Schreiber 2004, 735)

4.5 Kooperatives Lernen

„Zusammenkommen ist ein Anfang,
Zusammenbleiben ist ein Fortschritt,
und Zusammenarbeiten ist Erfolg.“

(Henry Ford)

Im weiteren Sinne leistet forschend-entdeckendes Lernen einen Beitrag zur Inklusion. Das bedeutet, es bezieht Schülerinnen und Schüler mit ganz unterschiedlichen Lernvoraussetzungen – zum Beispiel kognitiv, emotional, kulturell – in den Lernprozess ein und nutzt ihre Fähigkeiten und unterschiedlichen Erfahrungen, um kooperativ historische Fragestellungen zu bearbeiten.

„[P]ersönliche Interessen, Stärken und Schwächen [werden dabei] als potentielle Bereicherung für die Problemlösung angesehen. Das Einbringen persönlicher Vorerfahrungen und spezieller Kenntnisse, aber auch Erläuterungen, die aufgrund mangelnder Kenntnisse notwendig werden, können, wenn sie angemessen kommuniziert werden, im Zusammenspiel mit den Mitschülern und Mitschülerinnen den Erkenntnisprozess unterstützen. [...] Wenngleich also der Erkenntnisprozess individuell abläuft, bedarf es einer Gruppe, da erst in der Auseinandersetzung mit Anderen die Bewertung und Relativierung, das Hinterfragen und Modifizieren der eigenen Erkenntnisse stattfinden kann.“ (Forkel 2009, 77)

Wichtig ist, dass gemeinsames Arbeiten tatsächlich kooperativ abläuft, dass also nicht nur eine Aneinanderreihung von Erkenntnissen Einzelner – die womöglich an einem Arbeitstisch platziert sind – stattfindet. Kooperation kann extern initiiert und im Lernprozess angeleitet werden. Kollaborativ wird die Zusammenarbeit dann, wenn gemeinsam entwickelte Problemstellungen bearbeitet werden, wie das beim forschend-entdeckenden Lernen der Fall sein sollte. Kollaboration ist also eine höhere Stufe des Zusammenwirkens, eine „spezifische Haltung“, bei der Schülerinnen und Schüler „Differenz nicht als Problem, sondern als Chance“ begreifen (Baumann-Gibbon/Menzel 2017, 170).

Dies wird durch Arbeitspakete unterstützt, die unterschiedliche Fähig- und Fertigkeiten erfordern und ihrerseits auf die Teilergebnisse der anderen Teilnehmer angewiesen sind. Im Übrigen ermöglichen viele Arbeitsmittel gerade auch im Bereich der neuen Medien – wenn es auch analoge Formen ähnlichen Zuschnitts gibt – kollaboratives Arbeiten. Die folgenden Beispiele bilden nur einen Ausschnitt der aktuellen, sich rasch wandelnden Möglichkeiten des Web 2.0 ab. So bieten sich virtuelle Tafeln (z.B. Etherpad), Wikis (z.B. ZUM-Wikis) und Blogs (z.B. Wordpress) für kollaboratives Schreiben an; Informationen können über Filehosting-Dienste (z.B. Dropbox) verfügbar und bearbeitbar für alle gemacht werden; kommentierte Linklisten können mit Social Bookmarking-Werkzeugen (z.B. Diigo) angelegt werden; Bilder und als Bild gespeicherte Inhalte lassen sich annotieren (z.B. Thinglink) (Baumann-Gibbon/ Menzel 2017, 176; Pallaske 2017, 305–309).

4.6 Förderung von flexiblen Lernwegen

„In der Gestalt erst ist das Problem erledigt.“

(Hugo von Hofmannsthal)

Forschend-entdeckendes Lernen erlaubt nicht nur persönlich bedeutsame Fragestellungen und individuelle Lösungswege inklusive Um- und Irrwege, sondern lässt auch unterschiedliche Antworten zu. All das – der Blick auf das Schöpferische im Schüler/in der Schülerin – ermöglicht flexible, originelle Lernprozesse. Diese entstehen in jedem Einzelnen selbst – aufgrund von Erfahrungen, Vorlieben, Wissen und Können – und im Zusammenspiel mit der Gruppe.

Forschend-entdeckendes Lernen ermöglicht also kreative Handlungen, die entstehen, indem Unterrichtssituationen geeignet sind, „die Menschen kreativ oder steril reagieren [zu] lassen“ (Hartmut von Hentig, zitiert bei Memminger 2007, 23).

Die Kooperation und Kollaboration widersprechen dabei nur äußerlich der Idee der Individualisierung, denn in einer guten Gruppe bringen sich Lernende individuell mit eigenen Fähigkeiten ein (Loos/Schreiber 2004, 735). Außerdem bedeutet die Zusammenarbeit keine permanente Gruppenarbeit (im engeren Sinne der Sozialform), sondern genauso gut kann sich die Gruppe temporär auflösen und Einzelne oder Lernpaare können unterschiedlichen Teilaufgaben nachgehen. Wichtig ist, in der Phase der mehrfachen Darstellung von (Teil-)Ergebnissen zusammenzukommen, denn historisches Lernen ist immer sprachliches Aushandeln der Deutungen von Vergangenheit. Es geht hier also darum, die integrierende Frage- oder Problemstellung wieder aufzunehmen – gleichsam dem roten Faden des forschend-entdeckenden Lernziels zu folgen (Günther-Arndt 2003, 189–192).

Nicht nur beim forschend-entdeckenden Lernen kann festgestellt werden, dass unterschiedliche Gruppen, die mit dem gleichen Material arbeiten, zu sehr verschiedenen Ergebnissen kommen. Ziel ist es nicht, diesen Zustand abzuschaffen, sondern ihn als Prozess der Konstruktion von Geschichte bewusst zu machen. Worum es sehr wohl geht, ist zu verdeutlichen, dass dieser individuelle Prozess trotzdem regelgeleitet ist. Es gibt also Normen, die die Beschäftigung mit Vergangenheit steuern: Historisches Denken und Erzählen muss demnach bei jedem Zugang faktisch (quellenorientiert), triftig, kritisch und reflektierend (zum Beispiel über die eigene Standortgebundenheit) sein. Der Rest – bleibt der Kreativität überlassen.

4.7 Bezug zur Lokal- und Regionalgeschichte

„Durch Abstandsmangel wird bedingt,
dass mancher Funke überspringt.“

(Erich Limpach)

Die Erforschung des „nahen Fremden“ (Eggert 1005, 236) erlebt im modernen Geschichtsunterricht theoretisch viel Zuspruch, ist aber weniger verbreitet als zu vermuten wäre. Dies liegt beispielsweise an den Geschichtslehrkräften und an den

Vorgaben von Lehrplänen und Geschichtsschulbüchern, wobei die neueste Generation kompetenzorientierter Angebote deutlicher auch solche Ansätze in den Blick nimmt.

Im lokal- und regionalgeschichtlichen Rahmen kann Lernen multisensorisch, praxisorientiert und mit klarem Raumbezug stattfinden. Dort lässt sich exemplarisch konkret, anschaulich und alltagsweltlich über Vergangenheit nachdenken. Dort ist forschend-entdeckendes Lernen mit seinen Anknüpfungen an Bekanntes besonders leicht zu machen. Schließlich ist es viel einfacher, eigenes Forschen von der freien Themenentscheidung, Fragestellung über die Erschließungswege hin zum Ergebnis sozusagen „vor der Haustür" zu begleiten.

Dass dabei das unmittelbare Lebensumfeld der Lernenden berührt ist, hat oft positive motivationale Folgen. Oft kommt hinzu, dass regional- und lokalgeschichtliche Themen tatsächlich noch nicht (vollständig) erforscht sind. So können Ergebnisse als „graue Papiere" (Borries 1991, 45) tatsächliche Relevanz für die Geschichtsforschung, gesellschaftliche Bedeutung und/oder politisches Gewicht gewinnen.

Besonders spricht die Zugänglichkeit zu Geschichtsquellen für die lokal oder regional orientierte Arbeit. Dokumente zu „großen Themen" sind zumeist von Historikern oder Historikerinnen bearbeitet oder können nur wissenschaftlich angemessen ausgewertet und kontextualisiert werden. Im Kleinen des räumlichen und zeitlichen Nahraums, mit einer überschaubaren Fragestellung aber kann dies Schülerinnen und Schülern ebenso gelingen. Zudem nutzt der Einblick in die Arbeit lokaler Institutionen – Archiv, Museum, Verwaltung – der Ausbildung methodischer Kompetenzen.

Bei der Themenwahl in der Regional- und Lokalgeschichte können sich Schüler und Schülerinnen an Ereignissen, Personen, Strukturen, Kulturen oder Konflikten orientieren (Emer 2007, 552). Manche Themenfelder – vor allem aus der Wirtschafts- und Sozialgeschichte – bieten sich dabei besonders an. Edeltraud Loos und Waltraud Schreiber denken bei den letzten drei Orientierungen (für die Primarstufe, aber sicher übertragbar) an die Historizität von Medien, Technik, Migration, Kulturbegegnung, Arbeitslosigkeit, Preisentwicklung, den Umgang mit Alter, mit sozial Schwachen oder das Verhältnis zwischen den Geschlechtern (Loos/Schreiber 2004, 729).

Wichtig ist aber, dass Regional- und Lokalgeschichte trotzdem in Anbindung an „große Geschichte" untersucht wird. Dies soll in dem Sinne geschehen, dass klar wird, dass „kleine Geschichte" ein Abbild der großen sein kann; dass sie ein eigenständiger Teil der großen sein kann, weil hier zum Beispiel ein überregional wichtiges Ereignis stattgefunden oder eine bedeutende Persönlichkeit gewirkt hat; dass sie eine Besonderheit aufweist und damit das Abweichende, die „Gleichzeitigkeit des Ungleichzeitigen" (in Anlehnung an Bloch: Koselleck 2000, 325) repräsentiert. Es geht also darum, wie „große Geschichte" ihren Niederschlag vor Ort findet und wie „kleine Geschichte" in die große hineinragt (Leeb 1984, 128 f.). Solch eine Untersuchung überschaubarer Zusammenhänge befördert die Rekonstruktion von Geschichte.

Dekonstruktion gelingt hingegen auch an großen Themen, wenn eine (auch nachvollziehende) korrigierende Analyse und Interpretation durch Schülerinnen und Schüler erfolgt.

Die Gefahren des regional- und lokalgeschichtlichen Zugangs sind mit seinen Chancen eng verknüpft. Die sinnliche Erfahrbarkeit kann zur Emotionalisierung führen. Die für den Nahbereich geltenden Ergebnisse können durch oberflächliche Analogien fälschlicherweise auf das Ganze der Geschichte übertragen werden. Und: Die begrenzte Reichweite lässt insgesamt nur eingeschränkte Schlüsse zu (Borries 1992, 97).

5. Orte forschend-entdeckenden Lernens

5.1 „Normalunterricht“ (gebundener Unterricht) im Klassenzimmer

„Normalität ist wandelbar.“

(Georg Wilhelm Exler)

Recherchiert man über forschend-entdeckendes Lernen im Geschichtsunterricht, wird man im unterrichtspraktischen Bereich fast ausschließlich mit Projekten konfrontiert. Das Projekt gilt als DIE Methode des Zugangs, scheint doch (nur?) dort endlich einmal der zeitliche, personelle, organisatorische und inhaltliche Rahmen für die Anforderungen des Forschens gegeben.

Doch auch der reguläre, gebundene Geschichtsunterricht bietet viele, bisher noch zu wenig genutzte Möglichkeiten, forschend-entdeckend zu lernen. Wenn dies gelingt, können Schülerinnen und Schüler sowie Lehrkräfte solche Lernphasen als „Sternstunden“ wahrnehmen.

Natürlich ist es nicht möglich in der Einzel- oder Doppelstunde alle Potenziale des Forschend-Entdeckenden auszuschöpfen. Aber Lehrkräfte können „forschungsaffines Normallernen“ (Schönemann 1992, 53) ermöglichen und so die Gewichtung unterschiedlicher Zugänge im Geschichtsunterricht hin zum forschend-entdeckenden Lernen verlagern.

In Einzelstunden ist es möglich, bestimmte Arbeitsschritte – dazu mehr im Kapitel 6 – des forschend-entdeckenden Lernprozesses einzuüben. Schülerinnen und Schüler können beispielsweise selbst Fragen und Hypothesen bilden, eigenständig aus einem Materialpool wählen oder über die Bedingungen eigener Analysen und Interpretationen nachdenken. In Vielem entspricht diese Auswahl von einzelnen Aspekten aus dem Spektrum der Arbeitsschritte des forschend-entdeckenden Zugangs und die Hilfestellungen durch die Lehrkraft dem Anspruch des gelenkt-entdeckenden Lernens aus dem Kapitel 3.2.

Diese Auswahl einiger „Stationen“ darf aber nicht als unzulänglich verstanden werden. Es geht hier nicht darum, dass „ein Mehr nicht möglich ist“. Vielmehr können gerade diese Angebote das forschend-entdeckende Lernen im Großen methodisch vorbereiten und damit im Sinne des graduellen Kompetenzerwerbs anbahnen. Keine Schülerin/Kein Schüler kann von heute auf morgen selbstständig eine selbstgewählte Fragestellung auf dem von der Schule angestrebten Reflexionsniveau bearbeiten. Dazu bedarf es bestimmter Arbeitstechniken, die gerade im regulären Geschichtsunterricht eingeübt werden können.

Fundgruben für solche Ansätze sind beispielsweise die als Arbeitsbuch konzipierten Lehrwerke – die Lehrwerke der neuesten Generation, wie beispielsweise die „Zeitreise“, als auch die älteren Klassiker, wie „Fragen an die Geschichte“ oder „Geschichte entdecken“, die sich hervorragend als Steinbruch nutzen lassen –, der jährliche Schülerwettbewerb der Bundeszentrale für politische Bildung oder auch die im Internet, in Printmedien oder durch eigene Zusammenstellung verfügbaren „Medien- und Materialpakete“.

Beispiele zu solchen Teilübungen finden sich auch in diesem Buch in den Unterkapiteln 8.1 bis 8.20.

5.2 Portfolioarbeit

In den letzten Jahren hat sich im Geschichtsunterricht vieler Lehrkräfte die Portfolioarbeit etabliert, erste Verlage – unter anderem der Lehrmittelverlag Zürich (Bonhage/Gautschi/Hodel/Spuhler 2011), der Veritas Verlag Linz (Reihe „VG – Durch die Vergangenheit zur Gegenwart“) oder der Klett Verlag Leipzig (Horst/Volkwein 2011) – bieten auch passende Unterrichtsmaterialien an.

Unter Portfolioarbeit sind ganz unterschiedliche Bezugnahmen auf individuelle, eigenständige Erarbeitungen von Schülerinnen und Schülern im Geschichtsunterricht in Form eines Arbeits- oder Kursportfolios zu verstehen. Oswald Inglin beschrieb 2006 vier grundsätzliche Formen: Das Parallelmodell bietet Schülerinnen und Schülern die Möglichkeit zur Erstellung eines thematisch an den Unterricht anknüpfenden Portfolios außerhalb des Unterrichts. Sie werden dabei von der Lehrkraft angeleitet, die Portfolios werden allerdings im Unterricht selbst nicht thematisiert. Beim Zentripetalmodell werden Portfolioergebnisse punktuell immer wieder einmal auf den Unterricht ausgerichtet und in ihm eingesetzt. So streben zu festgelegten Zeitpunkten alle individuellen Portfolioarbeiten auf einen Korrespondenzraum hin, in dem sie verhandelt werden. Das Zentrifugalmodell schafft noch deutlichere Anbindung an den Unterricht, indem in diesem an einem Beispiel die Vorgehensweisen der individuellen Schülerthemen exemplifiziert werden. So können Schülerinnen und Schüler Arbeitsweisen ihrem Thema leichter anverwandeln. Beim Einheitsmodell, das in der Realität des Geschichtsunterrichts zeitlich nur sehr begrenzt anwendbar ist, wird der gesamte Unterricht der Erstellung und Präsentation und Reflexion der Schülerportfolios gewidmet (Inglin 2006, 85).

Allen gemeinsam ist die Anleitung der selbstständigen historischen Arbeit durch die Lehrkraft. Bei den drei besonders zu befürwortenden Formen des Zentripetal-, Zentrifugal- und Einheitsmodells werden die Ergebnisse punktuell oder durchgehend in den Unterricht eingebracht, dort präsentiert, reflektiert und diskutiert.

Ein entscheidender Vorteil der Portfolioarbeit liegt in der klaren Vorgehensweise und der Verpflichtung auf eine Dokumentationsform, die die Selbstreflexion des Lernenden, das Feedback von Lehrkraft sowie Mitschülerinnen/Mitschülern, Leistungserhebungen und Selbsttests, Selbsteinschätzungen im Arbeitsprozess und Protokolle von Lernfortschrittsbetrachtungen gleichberechtigt neben die Darbietung selbstständig erforschter historischer Aspekte stellt.

<table>
<tr><th>WO</th><th>Datum</th><th>UE</th><th colspan="3">Thema</th><th>Methodencurriculum (Medien/ Materialien)</th></tr>
<tr><td>7</td><td></td><td></td><td colspan="3">Längsschnitt: Menschenbilder im Wandel
Einführung in die Portfolioarbeit</td><td>• Portfolio
• Zeitstrahl
• Internetrecherche zu einer historischen Person</td></tr>
<tr><td colspan="7">Herbstferien</td></tr>
<tr><td>8</td><td></td><td rowspan="7">Portfolioarbeit</td><td rowspan="3">Impuls
(15′)</td><td rowspan="3">Portfolioarbeit
(60 Minuten)
Phase 1
Aufbau von Basiskompetenzen (Aufgabenpakete 1 – 3)</td><td rowspan="3">Feedback
(15′)</td><td rowspan="3">• Portfolio
• Schulbuch
• Text- und Bildquellen
• Geschichtskarten</td></tr>
<tr><td>9</td><td></td></tr>
<tr><td>10</td><td></td></tr>
<tr><td>11</td><td></td><td colspan="3">Phase 2
Vernetzung des Wissens
(Aufgabenpakete 4)</td><td>• Lernkartei</td></tr>
<tr><td>12</td><td rowspan="2"></td><td colspan="3" rowspan="2">Phase 3
Transfer des Basiswissens in Handlungs- und Urteilskompetenz
(Aufgabenpaket 5)</td><td rowspan="2">• Portfolio</td></tr>
<tr><td>13</td></tr>
<tr><td>14</td><td></td><td>Selbsttest</td><td>Festigung und Vertiefung des Wissens</td><td>Selbstreflexion</td><td>• Lernkartei
• Portfolio</td></tr>
<tr><td colspan="7">Weihnachtsferien</td></tr>
<tr><td>15</td><td></td><td rowspan="2"></td><td>Test</td><td>Präsentationen aus der Portfolioarbeit</td><td>Schülermitbewertung</td><td>• Abgabe der Portfolios</td></tr>
<tr><td>16</td><td></td><td>Rückgabe Test</td><td>Menschenbilder im Wandel Zusammenfassung und Vertiefung</td><td>Rückgabe Portfolio</td><td>• Lehrervortrag/
• Unterrichtsgespräch</td></tr>
</table>

Beispiel für ein phasenweise im Geschichtsunterricht verankertes Einheitsmodell der Portfolioarbeit über „Menschenbilder im Wandel" für die Klasse 11 des beruflichen Gymnasiums in Baden-Württemberg (Klett 2014, 4)

5.3 Projektarbeit

„Historische Projektarbeit –
Größenwahn oder Königsweg?“
(Bodo von Borries)

Von vielen Didaktikern wurde die Projektarbeit als „Königsdisziplin des selbstbestimmten Lernens“ (Bönisch 1990, 359) oder als „Hochform“ des forschend-entdeckenden Lernens (Gudjons 1994, 93) klassifiziert. Bodo von Borries mit seiner argumentativen Zuspitzung auf „Größenwahn“ versus „Königsweg“ und andere haben nach den Einschränkungen der Methode gefragt (Borries 1997).

Sicher ist: Das Projekt ist die komplexeste Form des forschend-entdeckenden Organisationsprinzips im Geschichtsunterricht. Die Arbeitsweise ist stets forschend, was erkennbar ist, wenn man die Elemente des forschend-entdeckenden Lernens (Kapitel 6) mit den Arbeitsschritten des Projekts vergleicht: Themenfindung und Problemstellung, Präzision von Zielen und Themenaspekten, Bestimmung von Arbeitsmethoden und Orten mit einem Arbeits- sowie Zeitplan, Materialbeschaffung und -erkundung, Materialauswertung und -bearbeitung, Produkterstellung (Emer 2007, 548 f.). Hier finden sich vielfältige Überschneidungen.

Projektarbeit wird nicht nur schulisch, sondern auch außerschulisch betrieben. Vor allem in den 1980er Jahren gab es einen Aufschwung von Geschichts-AGs und Geschichtswerkstätten. Sie resultieren aus der Forderung: „Grabe, wo du stehst.“ Es ging und geht bis heute darum, Vergangenheit im Nahraum selbstbestimmt zu untersuchen. Die neu hinzukommenden Zukunftswerkstätten haben einen anderen Schwerpunkt im Dreigestirn von Vergangenheitsverstehen, Gegenwartserfahrung und Zukunftserwartung. In ihnen geht es um Kritik am Gegenwärtigen zur Bildung einer Zukunftsidee. Immer aber ist der Rückblick auf das Gewordensein des Heute ein wichtiger Bestandteil einer solchen Werkstatt (Günther-Arndt 2003, 195).

Eine Zwischenposition nehmen außerdem Geschichtswettbewerbe ein, die schulisch und außerschulisch verankert werden können. Zu ihnen existieren umfänglichere Forschungen, weshalb ihnen ein eigenes Unterkapitel gewidmet ist – das folgende.

Im Geschichtsunterricht kommt die Projektarbeit viel weniger in Reinform als in Gestalt projektorientierten Arbeitens vor. Das kann bedeuten, dass beispielsweise nur einzelne Arbeitsschritte des Projekts durchgeführt werden, dass Themenstellungen vorgegeben sind, dass nachentdeckt wird und/oder quellenkritisch an bereits erschlossenen Quellen mit einer eigenen Fragestellung gearbeitet wird. Verbunden sind all diese Orientierungen mit dem Wunsch, fachspezifische und allgemeine Schlüsselqualifikationen einzuüben (Link 2012, 6).

Diese Qualifikationen können darin liegen, gemeinsam zu planen, zu entscheiden und zu vernetzen, im Team an einem Sachproblem mit Hilfe fachspezifischer Methoden, die historisches Lernen ermöglichen, zu arbeiten. Sie können auch darin bestehen, Geschichte in gesellschaftlicher Praxis, also Geschichtskultur, zu erleben, zu hinterfragen und zu gestalten. Letztlich dient zudem ganzheitliches, lebensnahes und fächerübergreifendes Arbeiten, wie es beim Projekt geschieht, der Bildung.

5.4 Geschichtswettbewerbe

„Gerade weil […] Inklusion kein Schlagwort bleiben soll, darf sich die Elitentendenz des Geschichtswettbewerbs nicht weiter verfestigen.“

(Bettina Alavi)

Der Geschichtswettbewerb des Bundespräsidenten – der größte dieser Wettbewerbe in der Bundesrepublik – greift seit 1973 den forschend-entdeckenden Zugang auf und stellt ihn in den Mittelpunkt der methodischen Anforderungen des Wettbewerbs. Er ist das größte Feldexperiment zum forschend-entdeckenden Lernen und gleichzeitig ein Minderheitenphänomen. Er beweist, was Schülerinnen und Schüler forschend erreichen können, folgt aber – wie Bettina Alavi es fasst – einer „Elitentendenz“, so dass die Teilnahme im „Promillebereich“ bleibt (Alavi 2013; Borries 1990, 147).

Alle Geschichtswettbewerbe – also neben dem Geschichtswettbewerb des Bundespräsidenten beispielsweise auch das europäische Programm „Eustory“, der regionale bayerische Schülerwettbewerb „Erinnerungszeichen“ oder das lokale Wettbewerbsprojekt „Freiburger Schulen ins Archiv“ – haben nicht nur historiografische, sondern auch gesellschaftspolitische und pädagogische Zielsetzungen.

Diese Wettbewerbe bieten einen „fachdidaktischen Erfahrungsvorrat“ (Borries 1991, 42). Wenn auch nach dieser Vorgabe nicht im gebundenen Unterricht gearbeitet werden kann, wird hier aber ein Modell angeboten, das sich auf Normalstunden herunterbrechen lässt. Gleichzeitig braucht der Geschichtswettbewerb selbst den Fachunterricht als „Resonanzboden“ (Eggert 2005, 234 f.). Ein Fachunterricht, der nicht auf die Anforderungen des Geschichtswettbewerbs vorbereitet, verhindert den Zugang zu ihm zumeist erfolgreich. Es fehlt dann das „Handwerkszeug“.

Grundlage der Wettbewerbe sind Regeln, die denen eines forschend-entdeckenden Lernprozesses offensichtlich gleichen: Innerhalb eines Rahmenthemas sollen selbstständig begrenzte, zugespitzte, bearbeitbare Fragestellungen gefunden werden. Die Untersuchung ist – in unterschiedlichem Maße – angeleitet, immer aber verarbeiten die Lernenden Materialien methodengerecht, aber offen. Alle Angebote zielen darauf ab, Schülerinnen und Schüler zu einem Urteil, einer Reflexion, einer Lösung zu ermutigen. Dass die Teilnahme dabei allerdings freiwillig ist, entspricht zwar der Grundidee des Forschenden, weniger aber schulischer Realität.

5.5 Archive, andere außerschulische Lernorte und virtuelle Formate

„Gäbe es keine Archive, hätte die Gesellschaft kein Gedächtnis. Und Google wüsste nicht, was es weiß."

(Isabell Käser)

Im Archiv begegnen Schülerinnen und Schüler der Realität nicht didaktisierter Vergangenheit. Dort können sie an authentischem Material arbeiten, wissenschaftspropädeutisch angeleitet werden und fachspezifische Kompetenzen erwerben. Und doch lässt sich nicht verleugnen: Archive sind zwar öffentliche, jedermann zugängliche Einrichtungen, jedoch oft fremd und fern. Nicht selten denken Schülerinnen und Schüler (und manche Lehrkräfte) zuerst an staubige Regale, unzugängliche Magazine und wenig nutzerfreundliche Öffnungszeiten. Dabei ist die Arbeit im Archiv für Schülerinnen und Schüler generell und besonders für das forschend-entdeckende Lernen ein großer Gewinn.

An kaum einem anderen Ort wird so deutlich klar, dass Geschichte ein Konstrukt ist. Nicht nur, weil selbst in der Gegenwart maximal zehn Prozent der vorhandenen Datensätze archiviert werden. Nicht nur, weil auch aus vergangenen Zeiten lediglich ein kleiner Teil der Dokumente überliefert ist, zum Teil aufgrund gänzlich anderer Vorstellungen von Archivwürdigkeit. Und nicht nur, weil es Epochen gegeben hat, in der Schriftlichkeit weit weniger verbreitet war als heute. Sondern auch, weil aus dem verfügbaren Archivgut nur in einer höchst subjektiv vom Nutzer getroffenen Auswahl ein – hoffentlich – plausibles Bild der Vergangenheit entsteht (dazu und im Folgenden: Wolter 2016, 107–110).

Um erfolgreich im Archiv arbeiten zu können, brauchen Schülerinnen und Schüler zuerst einmal Zugang zu dieser für sie fremden Institution. Das bedeutet, dass sie mindestens einmal pro Schuljahr im Rahmen des Geschichtsunterrichts dorthin gehen sollten. Als Nächstes bedarf es Hilfestellungen für das

Vorgehen. Diese können von Archivaren, Archivpädagogen und von Geschichtslehrern kommen. Dabei muss genügend Zeit für die eigenständige Quellenauswahl, -analyse und -interpretation bleiben.

Damit Schülerinnen und Schüler Erfolge in ihrer Forschung erleben, ist die Themen- und Quellenwahl maßgeblich. Es wird sinnvoll sein – zumindest in den jüngeren Klassen –, eher auf „Zeitungsarchive als Archivakten", eher auf Maschinenschriftliches oder „Sütterlinschrift und Frakturdruck statt alter Handschriften" abzuheben (Borries 2009, 147). Geeignete Quellenformen für selbstständiges Arbeiten sind Lokalzeitungen, Stadtpläne und -ansichten, Katasterpläne, Adressbücher, Bildsammlungen, Film- und Tonmaterial, Siegel, Wappen, Briefe, Tagebücher, Rechnungen. So werden Hürden in der Lesbarkeit auf ein Maß gebracht, das Schülerinnen und Schüler bewältigen können (Fenn 2008; Borries 2009, 147). Die Quellen müssen anschließend von den Lernenden fachgerecht befragt und so zum Sprechen gebracht werden.

In Archiven lernen Schülerinnen und Schüler neben dem sachgerechten Umgang mit Quellen vor allem zielgerichtete Fragen zu stellen. Schließlich sind Archivalien nicht unterrichtlichen Zwecken entsprechend sortiert, sondern ganz anders katalogisiert. Es braucht also präzise Fragen an die Bestände – und ein Bewusstsein für die Schutzwürdigkeit der Belange jener, die in den Quellen als Akteure der Vergangenheit benannt sind (Lange/Lux 2004, 195).

Neben Archiven bieten sich weitere außerschulische Lernorte – historische Orte, Museen und Gedenkstätten sind die wichtigsten – für forschend-entdeckendes Lernen an. Während Museen vor allem die „historische Biographie des Dings" (Knigge 1983) in den Blick nehmen und dieser einen forschend-entdeckend zu bewältigenden Quellenwert zuweisen, stellen sich an fragmentarischen historischen Orten Fragen nach der Rekonstruierbarkeit von Geschichte. Es geht dort darum, historische Spuren des Ortes mit anderen Quellen zusammenzudenken. In der Gedenkstätte wiederum finden sich Möglichkeiten, genau dieses Zusammendenken schon vorzufinden. Gedenkstätten sind nämlich üblicherweise historische Orte, kombiniert mit didaktisierten Stätten wie Ausstellung, Archiv und Bibliothek – so dass forschend-entdeckende Prozesse hier besonders gut angestoßen werden können.

Denkbar sind darüber hinaus virtuelle Angebote, die noch nicht sehr verbreitet, aber gewinnbringend sind. Das historische Hinterhaus des Anne Frank Hauses in Amsterdam lässt sich in dieser Form über das Internet erfahren und bietet dabei in der virtuell erfahrbaren historischen Umgebung sowohl Quellen als auch erläuternde Darstellungen. Die virtuelle Bibliothek „Europeana 1914–1918" ermöglicht forschend-entdeckendes Lernen zum Themenkomplex Erster Weltkrieg auf Datenbankebene mit einem riesigen europaweiten Quellenbestand. Diese Quellen werden sowohl von Privatpersonen als auch Institutionen (vor allem Archiven, Museen und Bibliotheken) beigesteuert.

Sicher ist, dass forschend-entdeckendes Lernen nicht auf das Klassenzimmer beschränkt bleiben darf. Es braucht den engen Kontakt zur Welt – egal, ob sie real oder virtuell aufgesucht wird.

6. Eine Anleitung zum forschend-entdeckenden Lernen

„Wenn du ein Schiff bauen willst, so trommle nicht Männer zusammen, um Holz zu beschaffen, Werkzeuge vorzubereiten, Aufgaben zu vergeben und die Arbeit einzuteilen, sondern lehre die Männer die Sehnsucht nach dem weiten, endlosen Meer!“

(Antoine de Saint-Exupéry)

Wenn man die möglichen Orte forschend-entdeckenden Lernens im letzten Kapitel betrachtet, wird klar, dass es sich um sehr verschiedene Optionen handelt. Forschen und Entdecken ist eben keine klar abgrenzbare Methode, sondern ein mit verschiedenen Inhalten, Methoden und Sozialformen belebbares Organisationsprinzip von Geschichtsunterricht. Deshalb stellt sich die Frage: Gibt es eine Anleitung zu dieser Form des Lernens? Einen kleinsten gemeinsamen Nenner?

Die folgenden Seiten bilden die umfangreichste Form des selbstständigen forschend-entdeckenden Prozesses ab und dabei auch nur eine von vielen möglichen Varianten. Der vorgestellte Umfang ist zumeist nur in Projekten zu erreichen. Schließlich braucht Forschung Zeit, die im regulären Unterricht des zumeist zweistündig unterrichteten Fachs Geschichte oder den Entsprechungen in unterschiedlichen Verbundfächern oft nicht gegeben ist. In Einzel- und Doppelstunden, bei erkundenden Exkursionen oder ähnlichen kleineren Einheiten geschieht das Forschen und Entdecken partiell, aber deshalb nicht mit geringerem Wert für Schüler. Jedoch ist es dann so, dass bestimmte Anteile dieses Prozesses bereits vorstrukturiert und/oder angeleitet sind oder gar nicht forschend-entdeckend gelöst werden sollen. Beispielsweise können die Problemstellung, ein Arbeitsplan, ein Materialkonvolut oder die Präsentationsform vom Lehrenden bereits festgelegt sein.

Diese Einschränkungen stellen jedoch keine Defizitliste dar. Sie sind einerseits ein Zugeständnis an die Machbarkeit.

Andererseits sind sie auch eine bewusste Annäherung an die Fähigkeiten von Schülerinnen und Schülern hinsichtlich der historischen Methode in verschiedenen Entwicklungsphasen. Gerade das gezielte Entlasten von bestimmten Aspekten forschend-entdeckenden Lernens kann ermöglichen, in anderen Bereichen erfolgreich eigenständig tätig zu werden und Kompetenzen zu erwerben, die später neue Motivation für weitere forschend-entdeckende Handlungen geben. Besonders deutlich wird dieses positive Verständnis anteilig forschend-entdeckenden Lernens übrigens in der anglo-amerikanischen didaktischen Literatur zum inquiry-based learning (Kapitel 3.2).

Forschend-entdeckendes Lernen ist an sich ein Lernprozess, den Schülerinnen und Schüler durchlaufen. Sie erlernen dabei vor allem das historische Erkenntnisverfahren. Dessen Fundament ist es zu fragen und auszuprobieren – also natürliche Neugier zu nutzen. Weitere Schritte des systematischen, fachspezifischen Problemlösungsprozesses aber brauchen (zurückhaltende) Begleitung, um eingeübt zu werden. Es ist also selbstverständlich, dass forschend-entdeckendes Lernen in einer Art Lernspirale eingeführt, vertieft und weiterentwickelt sowie regelmäßig gefestigt werden muss.

In seiner Gesamtheit stellt Gerhard Henke-Bockschatz es als Prozess dar, der von Inhalten, kognitiven oder moralischen Konflikten und medialen Präsentationen ausgeht und über einen bewussten Erarbeitungsprozess zu unterschiedlichen Entdeckungen über die fremde Vergangenheit, über historische Motive und Handlungsbedingungen und über die eigenen Maßstäbe der Geschichtsschreibung führt. Letztlich münden diese Entdeckungen in eine diese drei Bereiche integrierende Narration.

Das kann und sollte anfänglich geschehen, indem das Organisationsprinzip nur in Teilen genutzt wird. So können „Trainings" für die verschiedenen Arbeitsschritte geschaffen werden. Annäherungen gibt es auch beispielsweise über vorstrukturierte Lernmaterialien – Lernplattformen, Lehrfilme, Webquests u.ä.

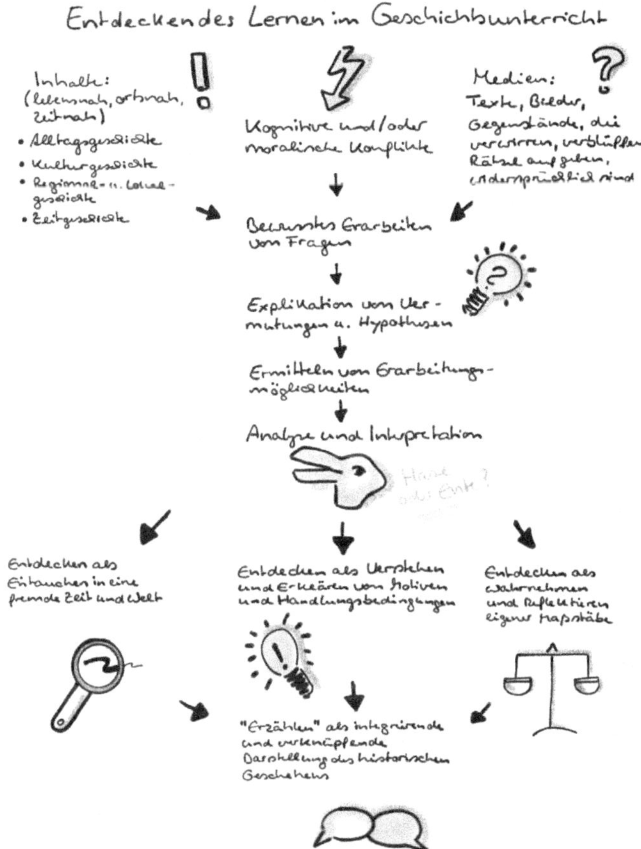

Abb. 2: Modell des entdeckenden Lernens nach Gerhard Henke-Bockschatz (Henke-Bockschatz 2004, 27, Illustrationen von Dr. Julia Batzilla)

Es ist auch möglich, sich kooperativer und kollaborativer Werkzeuge im Internet zu bedienen – hier stehen beispielsweise Blogs, Wikis, Etherpads u.Ä. zur Verfügung. Noch weiter gehen Angebote des Web 3.0, wo mobiles E-learning auch mit forschend-entdeckenden Ansätzen möglich ist.

Arbeitsschritte

Unterschiedliche Autoren haben die konkreten Schritte des Lernprozesses verschieden benannt und voneinander abweichende Schwerpunkte gesetzt. Es gibt kleinschrittige Empfehlungen zum Vorgehen genauso wie große Meilensteinangaben (dazu und im Folgenden: Berlyne 1965, zitiert bei: Loos/Schreiber 2004, 734; Schmid/Vorbach 1978, 130 f.; Schmid 1980, 295; Knoch 1991, 521; Henke-Bockschatz 1997, 409; Gautschi 1998, 143; Fradd u.a. 2001, zitiert bei: Kremer/Schlüter 2006, 147; Henke-Bockschatz 2004, 22; Borries 2009, 146).

Neben dem zuvor abgebildeten, nachträglich illustrierten Modell nach Gerhard Henke-Bockschatz zeigen vor allem die Überlegungen von Peter Knoch, was forschend-entdeckendes Lernen ausmacht: nämlich, dass der Lernprozess oft nicht nur

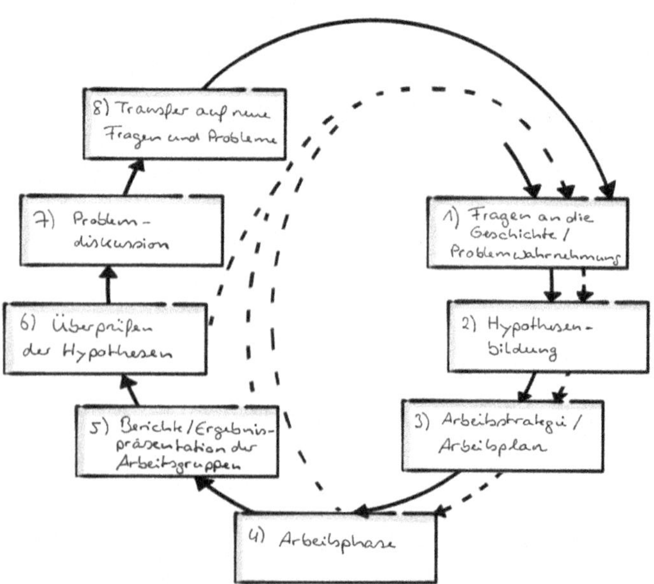

Abb. 3: Die acht Stationen des Entdeckenden Lernens nach Peter Knoch – ergänzt durch zusätzliche mögliche Durchläufe – mit der angedeuteten Spiralform (Knoch 1991, 521; Illustration von Dr. Julia Batzilla)

einmal durchlaufen wird, sondern – im Ganzen oder in Teilen – mehrfach. Schließlich können sich während der Arbeit neue Frage- und Problemstellungen ergeben. Oder in der Zusammenstellung der Ergebnisse und dem Transfer erscheinen plötzlich weitere Fragen.

In der vorliegenden Publikation wird ein Vorgehen mittlerer Tiefe gewählt und der Zugang des forschend-entdeckenden Lernens entsprechend unterteilt in:

- die Entwicklung einer Frage- und Problemstellung. Hierunter ist die Wahrnehmung eines Problems als solches ebenso zu verstehen wie die Formulierung einer oder mehrerer Fragen und einer oder mehrerer Hypothesen als plausible mögliche Antwort auf diese Frage(n).
- das Strukturieren des Lernprozesses. Hierunter ist das Erkennen der logischen Folgerungen aus den Hypothesen und die zunächst gedankliche Gestaltung des Vorgehens zu verstehen. Der Arbeitsprozess soll geplant, also vorgedacht werden. So entsteht eine Lösungsstrategie. Es geht zudem darum, einzuschätzen, welches Vorgehen förderlich sein kann und welche Widerstände und Probleme im Arbeitsprozess auftauchen können.
- das Recherchieren. Hierunter ist der Umgang mit Quellen und Darstellungen, die selbst gewonnen werden (Zeitzeugeninterview) oder von verschiedenen Institutionen (z.B. Archiv oder Bibliothek) oder Medien (z.B. Schulbuch) beschafft werden, zu verstehen.
- das Sammeln, Ordnen und Verknüpfen der Informationen. Hierunter ist das Zusammenstellen von Informationen in dem Bewusstsein zu verstehen, was Quellen und was Darstellungen sind. Daran muss sich eine Analyse und Bewertung der Daten nach der „historischen Methode" (Pandel 2017, 70) anschließen, insbesondere mit Blick auf Fiktionalität/Realität, Authentizität, Perspektivität und Narrativität. Immer wieder sollen auch Hindernisse thematisiert und Hilfen eingeholt werden. Abschließend geht es darum, un-

terschiedliche Informationen aufeinander zu beziehen und dabei Zusammenhänge, Widersprüche und Lücken bzw. neu entstehende Informationsbedürfnisse zu erkennen. Sollten neue Fragen entstanden sein, muss mit diesen unter Umständen der Arbeitsprozess bis zum Sammeln, Ordnen und Verknüpfen der Informationen erneut durchlaufen werden.

- die Darstellung von Ergebnissen. Hierunter ist der Rückbezug auf die Problemstellung zu verstehen. Es geht also darum, die Frage nochmals in den Blick zu nehmen und die am Anfang entwickelten Hypothesen zu überprüfen. Es können aber auch überraschende Ergebnisse hinzukommen, die eingeordnet werden müssen. Insgesamt können sich konkrete Erkenntnisse ergeben, aber es sollten sich auch – im Sinne eines Transfers – generalisierende Informationen und allgemeine Einsichten über Historisches ableiten lassen.
- die Präsentation von Erkenntnissen. Hierunter ist zu verstehen, die Entdeckungen zu narrativieren und zu verbalisieren, da Geschichte nur kommunikativ verhandelt werden kann.
- die Reflexion des Lernprozesses. Hierunter ist ein Rückblick auf den Arbeitsweg zu verstehen. Es geht einerseits um „Manöverkritik“ (Loos/Schreiber 2004, 734) und andererseits um das Bewusstmachen des Geleisteten.

Für (jüngere) Lernende lässt sich das Vorgehen anschaulich mit der Arbeit eines Detektivs vergleichen. Dieser muss die richtigen „Fragen stellen, Spuren folgen, Indizien zusammentragen und aus einzelnen Puzzlestücken den gesuchten Fall rekonstruieren“ (Beck 2010, 8).

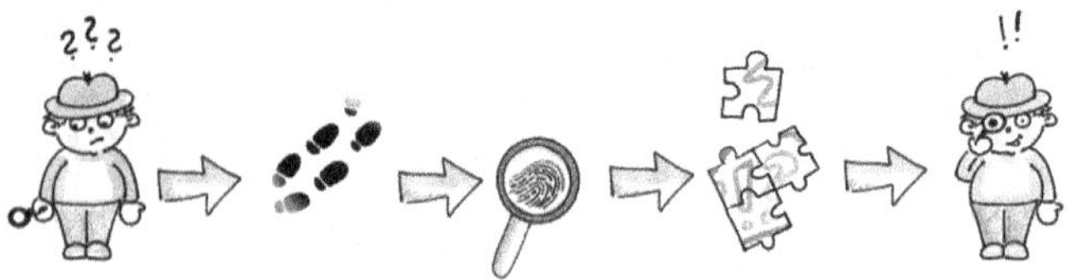

Abb. 4: Erklärung des forschend-entdeckenden Lernprozesses für jüngere Lernende (Illustration von Dr. Julia Batzilla)

Arbeitskarten als Unterstützung

Manche Lehrkräfte – nicht nur in der Grundschule, wenn auch dort bevorzugt – setzen Arbeitskarten ein, die den forschend-entdeckenden Lernprozess strukturieren. Einerseits nehmen sie damit dem forschend-entdeckenden Lernen etwas von seiner Ungelenktheit, andererseits entsprechen solche Arbeitshilfen zumeist viel eher den Fähigkeiten der Schülerinnen und Schüler (Foster 1993, 60).

Laut John Foster sollen die Arbeitskarten in ihrer Gesamtheit einige grundlegende Merkmale haben: Sie sollen die Schülerin/den Schüler dazu anhalten, Informationen auf verschiedenen Wegen und an unterschiedlichen Orten zu erhalten, diese Informationen kritisch einzuordnen, sie zu vergleichen sowie Unterschiede wahrzunehmen und zu erklären. Sie sollen ermöglichen, Ergebnisse mit unterschiedlichen Mitteln darzustellen. Sie sollen – wo möglich – verschiedene Sinne ansprechen. Besonderen Wert sollen sie auf unmittelbare Erfahrungen beim forschend-entdeckenden Lernen legen. Insgesamt sollen sie ermutigend wirken, so dass Schülerinnen und Schüler sich trauen den forschend-entdeckenden Lernprozess so selbstständig wie möglich zu gestalten. Dabei sollen die Lernenden trotzdem wissen, dass sie bei der Auswahl, Klassifizierung, Verwertung und Verknüpfung der Informationen Hilfe erhalten können (Foster 1993, 60).

In den jeweiligen folgenden Unterkapiteln zu den Arbeitsschritten des forschend-entdeckenden Lernens sind ähnliche Arbeitshilfen unter den Stichworten „Checkliste“ oder „Frage-Katalog“ angeboten. Auch diese Mittel dienen dazu, das Arbeiten zu unterstützen. Eventuell müssen die jeweiligen Aufzählungen für die konkrete Lerngruppe in ihrer Formulierung und ihrem Niveau angepasst werden.

Die Hilfen können sowohl am Beginn des jeweiligen Arbeitsschrittes ausgegeben auch am Ende zur Überprüfung genutzt werden. Eine besondere Bedeutung kommt ihnen auch beim Reflexionsprozess zu. Sie sind für Schülerinnen und Schüler ebenso relevant wie für Lehrkräfte.

6.1 Eine Frage-/Problemstellung entwickeln

„Wenn es keine Fragen gibt,
gibt es keine Antworten."
(John Cage)

Fragebedürfnisse

Im Gegensatz zur angeleiteten, fokussierten Fragestellung eines fragend-entwickelnden Unterrichts gehen die Schülerinnen und Schüler in der eigenständigen Problemstellung wahrnehmend-intuitiv vor (Hug 1991, 195). David Hawkins hat dafür den plakativen Begriff des „messing about" gefunden, Annette Forkel spricht von „Zeiten des [...] Ausprobierens, des intuitiven oder planlosen Manipulierens" (Hawkins 1970, zitiert bei: Zocher 2000a, 13; Forkel 2009, 76). Beide meinen damit, dass Lehrkräfte auf konkrete Arbeitsaufträge verzichten und abwarten sollten, was die Suche von Lernenden nach einer eigenen Idee erbringt. Sie sprechen sich für einen spielerischen, ausprobierenden Dialog mit dem Gegenstand des Interesses aus.

Fragen entstehen, wenn etwas vom Gewohnten abweicht. Es pertubiert – stört also im positiven Sinne den erwarteten Verlauf. Der Mensch ist dadurch irritiert. Ob aus diesem unbewussten Merk-Würdigen bewusste Fragen werden, bleibt an dieser Stelle noch offen. Im Prozess der Bewusstwerdung wird das Ungewöhnliche als interessant und durchdenkenswert eingestuft. Es entsteht das Bedürfnis, die inneren Zusammenhänge der Abweichung zu erklären.

Der Forschungsbedarf von Schülerinnen und Schülern ergibt sich dabei häufig aus räumlicher, emotionaler und lebensweltlicher Nähe zum historischen Gegenstand. Diese Aspekte wirken sich motivierend aus. Sie führen aber zumeist zu einer unsystematischen, manchmal auch scheinbar trivialen Annäherung – die sehr motivierend sein kann, wenn die Lehrkraft es schafft, daraus mit den Lernenden bearbeitbare, historisch relevante Problemstellungen zu machen. Oder – im Gegensatz – diese Fragen sind von so tiefgehender, umfassender Natur, dass sie nicht oder jedenfalls nicht mit einem forschend-entdeckenden Vorgehen zu beantworten sind, ohne die Schülerinnen und Schüler zu überfordern (Vorländer 1986, 126; Ernst 1996, zitiert bei: Zocher 2000b, 26).

Daher müssen in einem nächsten Schritt aus Interessen historisch relevante Fragen werden. Es ist gut möglich, dass diese ersten Fragen noch wenig zielführend sind und von der Herausforderung zeugen, das Problem überhaupt zu erfassen. Häufig beschränken sich die Erkenntnisinteressen darauf, überhaupt eine Vorstellung von Vergangenem zu erlangen. Schülerinnen und Schüler fragen also oft das, was heute als nicht mehr zeitgemäße Ranke'sche Konzeption gilt: Sie wollen wissen, wie es damals eigentlich gewesen sei. Jedoch sind diese Annäherungen Ausgangspunkt für weitere, genauere, systematischere Fragen. Um diese zu stellen, bedarf es aber eines Informationsminimums, das oft erst in der Beschäftigung mit der Problemstellung erreicht wird. So wird klar, dass eine Rückkehr zur Aufgabe „Frage-/Problemstellung entwickeln" auch im Verlauf der nächsten Phasen forschend-entdeckenden Lernens häufig Sinn machen kann.

Fragen lernen

Im Zuge der schulischen Sozialisation haben Lernende häufig verlernt Fragen zu stellen. Sie fragen sich am allermeisten, ob ihre Fragen nicht „doof", „unangemessen" oder „banal" sind. Ute Zocher hat die Erfahrung gemacht: „Gerade in der Arbeit mit Jugendlichen habe ich oft feststellen können, dass diese gar nicht damit rechnen, dass sie in schulischen Lernarrangements nach ihren Interessen gefragt werden. Passiert dies dann doch einmal, sind sie – zu Recht – zunächst sehr misstrauisch und wittern eine ‚didaktische Falle'" (Zocher 2000a, 159).

Das ist einerseits erschreckend, weil es davon zeugt, wie sehr Schülerinnen und Schüler verstanden haben, dass nur bestimmte Interessensbekundungen honoriert werden. Es ist andererseits ermutigend, weil sie offenbar wissen, dass es eine

Technik des Fragens gibt. Nicht jede Frage ist gleich zielführend. Auf dieser nützlichen Erkenntnis kann man aufbauen und sich an die Worte von Jérôme Bruner erinnern: „Ich habe noch nie gesehen, dass sich jemand durch eine andere Methode in der Kunst und Technik des Fragens verbessert, als sich am Fragen zu beteiligen." (Bruner 1961, 27)

Diese Kunst ist erlernbar. Schon in der Grundschule kann dies angebahnt werden. Edeltraud Loos und Waltraud Schreiber formulieren den Auftrag, im Laufe der Primarstufe zu lernen, welche Fragen einem Problem angemessen sind und welche am Kern der Sache vorbeigehen (Loos/Schreiber 2004, 738). Das bedeutet eben nicht, bestimmte Frageinhalte als nicht „schicklich" oder „zu naiv" zu klassifizieren. Es geht vielmehr darum, sachlich den Beitrag jeder Frage zur Problemlösung zu untersuchen und zu überlegen, ob die Frage genügend Anregungspotenzial enthält. Aus ihr heraus müssen sich ausreichende Möglichkeiten entwickeln lassen, sich aktiv, intensiv und vielfältig mit der Vergangenheit auseinanderzusetzen (Forkel 2009, 75). Gerhard Vorländer ergänzt für die Mittelstufe: „Möglichst früh sollten sie [die Schülerinnen und Schüler] Interessen formulieren und ihnen eigenständig nachgehen und dabei die eigenen Fragen zunehmend differenzieren können." (Vorländer 1986, 123)

Karin Ernst beleuchtet diese unterschiedlichen Ebenen des Fragens – und des Fragenkönnens – systematisch und stellt vier Phasen vor: In der ersten Fragephase geht es um erste Annäherungen, die in eine handhabbare Frage münden. In der zweiten Phase geht es um Fragen zum Umgang mit dem Lerngegenstand und zu den Lernbegleitern. Die dritte Phase beinhaltet Fragen, die zu grundsätzlichen Einsichten hinsichtlich des Lerngegenstandes führen. In der vierten Phase geht es schließlich um Fragen zu den persönlichen Motiven für das Erfragen, um die symbolische Bedeutung der Fragestellung und um Fragen nach dem Einfluss des Ich auf den Lernprozess (Ernst 1996, zitiert bei: Zocher 2000a, 7 f.).

Ich frage, also bin ich.

Eigene Fragen zu entwickeln kann sehr ermutigend sein. Schließlich bedeutet das: „Meine Informationsbedürfnisse sind relevant und bedeutsam. Meine Verunsicherungen zeugen nicht von ungenügendem Wissen, sondern von meinem Interesse an der Welt. Es ist meine Verantwortung, mich um die Lösung der Problemstellung zu kümmern." – Um diese Erkenntnis zu gewinnen, braucht es eine unterstützende Kultur des Fragens in der Lerngruppe. Sie ist gegeben, wenn alle Fragen in einer Lerngruppe gestellt werden dürfen. Dazu gehört, dass der Einzelne bereit ist, den eigenen Standpunkt und die eigene Verunsicherung zu erklären, Vermutungen anzustellen und individuelle Deutungen zu beschreiben. Im Austausch kann erlebt werden, wie gleiche Fragen zu verschiedenen Antworten führen, aber auch wie unterschiedliche Fragen an den gleichen Themenkomplex gerichtet werden.

Mit Schülerinnen und Schülern Fragen aufwerfen

Im Idealfall entwickelt sich das Thema aus der Neugier der Schülerinnen und Schüler, die ihre Interessen und Fragen an die Vergangenheit formulieren. Dies geschieht dann, wenn sie aus eigener Motivation heraus mit der Vergangenheit in Beziehung treten, weil diese einen Bezug zu ihrer Gegenwart und/oder Relevanz für ihre Zukunft hat. Solche Erkenntnisbedürfnisse ergeben sich durch Fremdheitserfahrungen. Sie können unterschiedlicher Art sein. Es kann sich dabei allein um Abweichungen vom Bekannten handeln, aber auch um Überraschungseffekte (Widersprüche zu Erwartetem), Zweifel (Konfrontation mit Unwahrscheinlichkeiten), Verunsicherungsmomente (Ungewissheiten angesichts mehrerer plausibler Ideen), Verblüffung (Feststellung von Unvereinbarem) oder – manchmal nur scheinbare – Paradoxa (Berlyne 1973, 98 ff.).

Häufig aber kommt dieser Prozess des Fragens erst durch Anleitung in Gang. Dann gilt es kognitive Konflikte für den Einzelnen und die Gruppe gezielt auszulösen (Knoch 1988, 12).

Dies geschieht durch eine Abweichung vom Gewohnten. Schließlich sind „Gegenstand dieses Lernens [...] ungeklärte oder umstrittene Lerninhalte“ (Gautschi 2005, 109).

Eine Möglichkeit ist Verwirrung auszulösen. Eine zweite Möglichkeit besteht darin, Verblüffung zu erzeugen. Auch Zweifel sind gute Frage-Initiatoren. Rätsel empfinden viele Schülerinnen und Schüler als motivierend. Auf einer bildlichen Ebene zählen auch Puzzles zu den Rätseln. Als fünfte Option können Widersprüche gelten. Sie fordern Lernende dazu heraus, selbst informiert Stellung zu beziehen. Unvereinbarkeiten oder Dilemmata können eine letzte Möglichkeit sein, Frageprozesse anzustoßen. Einige der Unterrichtsvorschläge des Kapitels 8 geben vielfältige Beispiele für diese Frageanregungen.

CHECK-LISTE **„Frage-/Problemstellung entwickeln“**

- ☐ Was ist meine/unsere Frage an die Geschichte?
- ☐ Was interessiert mich/uns an diesem historischen Problem?
- ☐ Was hat dieses historische Problem mit mir/uns zu tun?
- ☐ Was erwarte ich durch die Lösung dieses historischen Problems?
- ☐ Was überrascht mich/uns an diesem historischen Problem?
- ☐ Woran zweifle ich/zweifeln wir bezüglich dieses historischen Problems?
- ☐ Was verunsichert mich/uns an diesem historischen Problem?
- ☐ Was erscheint mir/uns merkwürdig bei diesem historischen Problem?

Von der Frage zur Hypothese

Von besonderer Bedeutung ist bereits ab dem Beginn des Lernprozesses das gemeinsame kooperative Vorgehen. Die Leitfunktion der Lehrkraft wird somit teilweise durch eine Orientierung in der Gruppe ersetzt. Dies wird beispielsweise in der Hypothesenbildung deutlich. Sie lebt zentral vom Vorhandensein verschiedener Perspektiven auf historische Probleme, die sich durch unterschiedliche Interessen, Fragen, Schwerpunktsetzungen und (schulische und außerschulische) Vorprägungen ergeben.

Um Fragen oder Probleme forschend-entdeckend klären zu können, braucht es Ideen über mögliche Lösungsrichtungen. Hypothesen sind solche Ideen. Um sie aufzustellen, müssen die Schülerinnen und Schüler wesentliche Momente und Zusammenhänge innerhalb des Problems erkennen. Die Aufgabe heißt also: Wonach ist gefragt? (dazu und im Folgenden: Dietrich 1973, 585 f.).

Danach geht es um die Analyse des Problems. Hierbei ist wesentlich, dass die Lernenden herausfinden, welche Schwierigkeiten es bei der Beantwortung der Frage gibt. Beispielsweise durch die Isolierung der Frage, einen Vergleich mit ähnlichen historischen Fällen oder aber eine Kontrastierung kann es gelingen, diese Schwierigkeit noch deutlicher zu machen und außerdem schon Lösungsansätze zu erkennen. Die Aufgabe heißt also: Welches ist die Herausforderung bei der Beantwortung der Frage?

Abschließend kommt es zur eigentlichen Hypothesenbildung. Aber wozu wird eine Hypothese überhaupt gebraucht, fragen Schülerinnen und Schüler oft. Könnte man nicht einfach fragen und dann die Antwort suchen? Die Antwort lautet, dass das schon möglich, aber wenig sinnvoll ist. Hypothesen – also begründet vermutete, aber revidierbare Erklärungen – dienen dazu, beim Kern der Sache zu bleiben. Forschend-entdeckendes Lernen kann mit seinem exploratorischen Charakter leicht ausufern. Man kommt dann sprichwörtlich vom Hundertsten ins Tausendste. Hypothesen sind hingegen ein roter Faden, an ihnen können sich Schülerinnen und Schüler schrittweise kritisch abarbeiten.

Der Lehrkraft zeigen Hypothesen zudem den Stand des Vorwissens und den Verlauf des Denkprozesses der Lernenden an. Gerade naive Vorannahmen über die Vergangenheit können sehr produktiv genutzt werden. Sie sind Teil des Geschichtsbildes der Schülerinnen und Schüler. Wenn sie offengelegt werden, können sie im Verlauf des forschend-entdeckenden Arbeitens klarer herangezogen werden, um den Lernprozess zu dokumentieren.

Schülerinnen und Schüler können gegebenenfalls zur Formulierung einer bearbeitbaren Hypothese angeleitet werden, um Erfolgserlebnisse im Bearbeitungsprozess zu ermöglichen. Diese Anleitung kann durch gezielte Fragen geschehen. Die Antworten darauf sollten im Konjunktiv formuliert sein, um den vorläufigen Charakter zu unterstreichen.

CHECK-LISTE „Hypothese(n) bilden“

Fragen, die zu Hypothesen führen:

- ☐ „Warum könnte das so sein?“
- ☐ „Was würde geschehen, wenn …?“
- ☐ „Was müsste sein, wenn/damit … richtig ist?“

Hypothesen formulieren:

- ☐ Die Hypothese ist ein Erklärversuch und nicht einfach ein Fakt.
- ☐ Die Hypothese beinhaltet keine Allgemeinplätze, also nichts, das sowieso nicht bezweifelt wird.
- ☐ Die Hypothese ist zugespitzt formuliert.
- ☐ Die Hypothese ist so kurz wie möglich, und so detailgenau wie nötig.
- ☐ Die Hypothese besteht aus vollständigen Sätzen mit einfachem Satzbau.
- ☐ Die Hypothese ist sachlich formuliert.
- ☐ Die Hypothese regt zur Diskussion an und erlaubt mehr als eine Beantwortung mit Ja oder Nein.

6.2 Das eigene Lernen strukturieren

„Analyse, die: erster Schritt zur Fehlerlösung, kann und wird im Normalfall übersprungen, um dann unter hohem Kosten- und Zeitdruck später nachgeholt zu werden."

(Karsten Mekelburg)

Dem Strukturierungsprozess oder – einfacher gesagt – der Arbeitsplanung wird erfahrungsgemäß (zu) wenig Zeit eingeräumt. Zumeist erscheint den Beteiligten intuitiv klar, welche Schritte zur Problemlösung zu vollziehen sind. Oder aber die Planung ist prozessbegleitend vorgesehen. Jedoch: „Damit jemand Ordnungen und Beziehungen in seiner Umwelt sucht und findet, muß er die Erwartung haben, daß etwas zu finden ist. Wenn ihn dann die Erwartung aktiviert hat, so muß er Such- und Findemethoden entwerfen" (Bruner 1961, 18).

Karsten Mekelburg hat vom Kosten- und Zeitdruck im Forschungsprozess gesprochen, der eine Strukturierung verhindere. Im schulischen Rahmen wird der Kostendruck durch die kritische Reflexion von Aufwand und Nutzen ersetzt. Auf den ersten Blick erscheint es dann oft so, dass lange Planungen wertvolle Zeit kosten. Ungebändigtes Forschen mit zu geringer Systematisierung ist allerdings ungleich aufwendiger und beinhaltet zudem ein möglicherweise hohes Frustrationspotenzial, wenn Schülerinnen und Schüler erhoffte Antworten nicht finden (können). Schließlich ist für das forschend-entdeckende Lernen das Prozesswissen (Wie komme ich zu einer Entdeckung?) oft viel wichtiger als das inhaltliche Wissen (Was habe ich herausgefunden?).

Deshalb ist eine (in Gruppen immer kooperative) Arbeitsplanung unumgänglich. Zuerst gehören dazu einige wenige und einfache allgemeine Arbeitsregeln. Das betrifft beispielsweise die Zugänglichkeit von Materialien, die Phasen von Plenums- und Kleingruppen-/Partner-/Einzelarbeit, die Anforderungen und Verbindlichkeiten. Sie sind auf jede forschend-entdeckende Organisationsform anwendbar. Zu diesen Informationen kann auch das Einstimmen der Schülerinnen und Schüler auf die Besonderheiten des forschend-entdeckenden Lernens gehören. Es tut den Lernenden gut zu wissen, dass die Bereitschaft, auch einmal falsche Wege zu gehen, Ungewissheit zu ertragen und neugierig zu hinterfragen, positiv gewürdigt wird.

Darüber hinaus braucht es themenspezifische Anleitung, denn Schülerinnen und Schülern fehlen (teilweise) die Fähigkeiten zur Planung eines so komplexen Vorgehens. Das Ziel sollte es sein, sie so weit wie möglich eigenständig vorausdenken zu lassen, aber Ergänzungen zu platzieren sowie auf Angebote zur Unterstützung im forschend-entdeckenden Lernprozess – zum Beispiel durch Materialbereitstellung, Methodenschulung, Moderation und Ähnliches – hinzuweisen. Wesentliche Überlegungen in der Strukturierungsphase sind die folgenden Themen: Zeitbudget, Arbeitsschritte (mit einem besonderen Fokus auf überprüfbaren Meilensteinen), Kooperationspartner/Unterstützer, Arbeitsstrategien/-mittel/-formen und Dokumentations-/Präsentations-/Evaluationsformen (sowie ggf. Finanzierung). Ein Meilensteinplan könnte im Grundmuster etwa so aussehen:

→ → →				
Themenfindung	**Problemstellung**	**Meilenstein-festlegung**	**Arbeits-einteilung**	**Recherche**
Zeitraum Arbeitsschritte Verantwortliche(r) Material/Mittel Unterstützer	Zeitraum Arbeitsschritte Verantwortliche(r) Material/Mittel Unterstützer	Zeitraum Arbeitsschritte Verantwortliche(r) Material/Mittel Unterstützer	Zeitraum Arbeitsschritte Verantwortliche(r) Material/Mittel Unterstützer	Zeitraum Arbeitsschritte Verantwortliche(r) Material/Mittel Unterstützer
→ → →				
Sammlung und Ordnung	**Ergebnis-diskussion**	**Dokumentation**	**Präsentation**	**Reflexion**
Zeitraum Arbeitsschritte Verantwortliche(r) Material/Mittel Unterstützer	Zeitraum Arbeitsschritte Verantwortliche(r) Material/Mittel Unterstützer	Zeitraum Arbeitsschritte Verantwortliche(r) Material/Mittel Unterstützer	Zeitraum Arbeitsschritte Verantwortliche(r) Material/Mittel Unterstützer	Zeitraum Arbeitsschritte Verantwortliche(r) Material/Mittel Unterstützer

Indem diese Überlegungen genau und detailliert erfolgen, ergeben sich im Übrigen zumeist zwanglos Konkretionen in den Problem-/Fragestellungen. Im Gespräch über das gemeinsame Vorgehen wird das Thema nämlich handhabbar gemacht. Es stellt sich erstens die Frage, wer welchen Teilbereich übernimmt, aber auch für welche(n) Element(e) es keine Interessenten, (Quellen-)Materialien oder Zusammenhänge mit den restlichen Aspekten gibt. Zweitens wird geklärt, wie eine Rückführung der Erkenntnisse in die Gruppe und dann eine Dokumentation sowie Darstellung nach außen gelingen kann.

Nicht zuletzt ist es in diesem Arbeitsabschnitt für Gruppen entscheidend ein neues Verständnis kooperativen und kollaborativen Arbeitens zu erlangen. Im regulären Unterricht sind arbeitsteilige Arbeitsphasen häufig durch einen lehrergesteuerten „Korrekturmodus", Doppelbesetzungen in der Themenbearbeitung oder gleichzeitiges und gleichmäßiges Arbeitspensum gekennzeichnet. Beim forschend-entdeckenden Lernen hingegen ist die Verantwortung der einzelnen Arbeitsgruppe oder des einzelnen Lernenden deutlich höher. Wirkliche Arbeitsteilung in inhaltlicher, teilweise aber auch örtlicher und zeitlicher Hinsicht setzt voraus, dass Arbeitsergebnisse genau dokumentiert und verbalisiert werden. Diese für Schülerinnen und Schüler zumeist ungewohnte Form sollte erläutert und angeleitet werden. Klare Vereinbarungen über Kommunikationsstrukturen sind hierbei wichtig – beispielsweise Dokumentationsformen, Plenumssitzungen zum Arbeitsfortschritt und Informationsweiterleitungen.

Auch in diese Phase kann (und muss manchmal) im Verlauf des Forschungs- und Entdeckungsprozesses zurückgekehrt werden. Planrevisionen sind eben kein Ausdruck mangelnder Vorbereitung, sondern zentral im Lernprozess der Schülerinnen und Schüler, die nicht nur über den historischen Gegenstand, sondern auch über das Forschen an sich lernen.

6.3 Basisoperation „Recherchieren"

„Was niemand sucht,
wird selten gefunden."
(Johann Heinrich Pestalozzi)

Ist man ehrlich, so muss man sich eingestehen, dass Schülerinnen und Schüler trotz aller Veränderungen der letzten Jahre im Geschichtsunterricht vor allem eines gewöhnt sind: vorgefertigte, wohlproportionierte Quellen und Darstellungen historisch zu befragen. Mit der eigentlichen „Basisoperation" forschend-entdeckenden Lernens, dem Recherchieren, hat das wenig zu tun.

Dementsprechend gering sind oft die Fähigkeiten von Lernenden, abseits einer mehr oder minder zielgenauen Google- oder Bibliothekskatalogsuche systematisch Informationen und erst recht historische Quellen aufzufinden. Genau darum aber geht es: „Ausgangspunkt für ein […] elementarisiertes wissenschaftliches Vorgehen ist die vorliegende ‚Forschungslage'" (Giesecke 1973, 60). Eine Einübung des Recherchierens bedeutet also im besten Sinne Lebensvorbereitung, denn Wissen meint ja bekanntlich zu wissen, wo etwas geschrieben steht. Dafür ist es nötig, sich in geschriebenen und in digital verfügbaren Informationsgebern zurechtzufinden.

Suchorte

Die Informationen sollten aus vielen verschiedenen Medien stammen, zum Beispiel Lexika, Enzyklopädien, Sach- und Fachbüchern und nicht zuletzt Findmitteln. Oft müssen dazu mit geeigneten Assoziationen sinnfällige Schlagwörter für eine Recherche ermittelt werden. Hinzu kommt die Fähigkeit, vom Kern des Problems/der Frage ausgehend gleichsam die Fühler in jede Richtung zu strecken, um das Thema detailliert zu bearbeiten, aber auch seine Abgrenzungen nach außen zu erkennen. Wenn Zeitzeuginnen/Zeitzeugen und/oder Expertinnen/Experten befragt werden sollen, gehört auch die Suche nach und geeignete Auswahl von entsprechenden Personen zum Arbeitsfeld. Alles in allem arbeiten die Schülerinnen und Schüler hier also aufnehmend-informativ (Hug, 1991, 195).

Materialpaket

Aus unterschiedlichen Gründen kann es sinnvoll sein, ein Materialpaket zusammenzustellen, das eine sinnvolle Auswahl von Quellen und Darstellungen zur historischen Problemstellung beinhaltet. Dies ist eine Form des gelenkten forschend-entdeckenden Lernens.

Das Arrangement solch eines Pakets ist für den Lehrenden oft zeitaufwendig, da nur für wenige Themen solche Angebote bereitstehen. Es lohnt sich vor allem dann, wenn immer wieder mit unterschiedlichen Gruppen am Thema – wahrscheinlich allerdings mit unterschiedlichen Schwerpunkten – gearbeitet wird. Hilfreich für die Zusammenstellung sind Lehrbücher, schuleigene Materialien, Bibliotheksbücher, Quellen und Darstellungen aus dem Archiv, aus Quelleneditionen, aber auch aus der privaten Sammlung der Lehrkraft. Wichtig ist, dass man im Rahmen eines solchen Materialpakets abhängig von Themenstellung und Besonderheiten der Lerngruppe durchaus auch auf Medien zurückgreifen kann, die dem „strengen Quellenbegriff der Historiker vielleicht nicht standhalten“ (Henke-Bockschatz 2004, 25). Es geht dabei beispielsweise um historische Kinder- und Jugendromane, historische Sachbücher oder künstlerisch-ästhetische Verarbeitungen. Schülerinnen und Schülern helfen zudem anschauliche Materialien wie Bilder, Schemata, Grafiken und Sachquellen. Sie tragen auch dazu bei, eine Vielfalt anzubieten, die verschiedenen Lerntypen und Kompetenzniveaus entgegenkommt.

CHECK-LISTE „Recherchieren“

In Bibliotheken/Bibliothekskatalogen:

- ☐ Verstehen des Ordnungs- und Verzeichnungsprinzips
- ☐ eigenständige Suche in Bibliothekskatalogen (Online- und Zettelkatalog)
- ☐ Inaugenscheinnahme (Was steht links und rechts der bereits aufgefundenen Literatur?)
- ☐ Datenbankrecherche für Zeitschriftenartikel (z.B. worldcat.org, IBZ)

In Lexika und Enzyklopädien:

- ☐ Ermittlung geeigneter Schlagworte
- ☐ Prüfung von Querverweisen
- ☐ Ermittlung der zugrunde liegenden Fachliteratur

In Sach- und Fachbüchern:

- ☐ Verstehen der Gliederung/des Inhaltsverzeichnisses
- ☐ Nützlichkeit der Informationen für die eigene Fragestellung
- ☐ Ermittlung der verwendeten Fachliteratur

Im Internet:

- ☐ Verstehen der Potenziale und Grenzen von Suchmaschinen
- ☐ Bewusstsein für die anarchische Struktur des Internets (Seriosität?)

Suche im Internet in:

- ☐ Online-Enzyklopädien (und der von dort ausgehenden Link- und Verweisstruktur)
- ☐ digital verfügbaren Büchern
- ☐ digitalen Quellensammlungen
- ☐ sozialen Netzwerken

Suche im Internet nach:

- ☐ Zeitzeugen (über Vermittlungsplattformen, Medienhinweise, soziale Netzwerke)
- ☐ Experten (über Forschungsinstitutionen, Vereine und Verbände, Medien, Bibliografien)

In archivischen Findmitteln:

- ☐ Verstehen des Ordnungs- und Verzeichnungsprinzips
- ☐ eigenständige Suche in Findmitteln (online verfügbare und gedruckte Findbücher, Zettelkatalog)
- ☐ Nachfrage bei Archivmitarbeitern (Rechercheauftrag) unter Angabe möglichst vieler Detailinformationen zum Gesuchten

Im Schneeballprinzip:

- ☐ während des Recherchierens: Verweise auf verwandte Angebote
- ☐ während Sammlung, Ordnung und Verknüpfung der Inhalte aus den Rechercheergebnissen: Ausschau nach weiteren relevanten Begriffen, Themen, (Quellen-)Materialien, Kontroversen halten

Einordnung von Rechercheergebnissen

Eine besondere Herausforderung besteht in der Wahrnehmung und ersten Einordnung der Rechercheergebnisse. Dies beginnt mit dem grundsätzlichen Wissen um und Erkennen von Darstellungen und Quellen.

Erstere werden vermutlich oft beiläufiger und zahlreicher – insbesondere in internetbasierten Suchergebnissen – in den Fokus der Schülerinnen und Schüler geraten. Hierbei gilt es, die gedruckten oder online verfügbaren Dokumente – auch im Rahmen des nächsten Schrittes „Sammeln, Ordnen, Verknüpfen" – auf Plausibilität, Perspektive, Intention und Quellengrundlagen hin zu befragen.

Bezogen auf die Rechercheoption Wikipedia kann dies übrigens beispielsweise in einem ersten Schritt (nicht inhaltlich, aber formal) mit Hilfe von Wikibu gelingen. Diese Form der Überprüfung wird immer wichtiger, besonders wenn man sich die komplexe, anarchische Informationsstruktur des Internets anschaut, die für den Benutzer nicht immer klar zu erkennen gibt, ob es sich um aktuelle, vollständige und zuverlässige Daten handelt.

Quellen, die mittlerweile ebenfalls sowohl gedruckt als auch digital vorliegen, sind – sofern sie nicht von den Lernenden selbst erhoben wurden – schwerer recherchierbar. Das beginnt schon mit der Tatsache, dass der Begriff „Quelle“ nicht nur im historischen Sinne genutzt wird. Hinzu kommt, dass viele Themen forschend-entdeckenden Lernens sich nicht der „großen Geschichte“ widmen, sondern mikrohistorischen Aspekten. Die Quellen zu dieser Vergangenheit sind häufig nicht ediert und bedürfen einer Recherche in Bibliotheken, aber vor allem in Archiven. Das Recherchieren dieser Bestände kann aufgrund der unvertrauten Suchroutinen und der teilweise nicht vorhandenen Erfassung/Verschlagwortung weitaus schwieriger als gewohnt sein.

Während des weiteren Lernprozesses werden die Schülerinnen und Schüler immer wieder zum Recherchieren zurückkehren. Dies geschieht später nicht mehr in der systematischen Art und Weise wie am Anfang, wenn ein Überblick über das Themengebiet geschaffen wird. Bedeutsam ist die erneute Quellen- und Informationssuche jedoch, wenn sich aus der Arbeit neue Fragestellungen, Perspektiven oder Schwerpunkte ergeben bzw. wenn in vorhandenen Darstellungen oder durch Experten und Zeitzeugen auf andere Quellen und Sekundärinformationen verwiesen wird.

6.4 Sammeln, Ordnen, Verknüpfen

„Auch kreatives Chaos braucht seine Ordnung!“

(Helga Schäferling)

Das Sammeln, Ordnen und Verknüpfen von historisch relevanten Informationen – „sperriges Rohmaterial der Geschichtsschreibung“ (Lux 2013, 185) – stellt das Zentrum des forschend-entdeckenden Lernens dar. Hug nennt dies auch den forschend-explorativen Vorgang (Hug, 1991, 195).

Im ersten Schritt geht es dabei um die Auswahl der geeigneten Quellen und Darstellungen, die näher betrachtet werden sollen. Dafür ist es ratsam, sich die Forschungsfrage(n) und Hypothesen noch einmal zu vergegenwärtigen.

Als Zweites schließt sich die Informationserhebung an, die nicht darin besteht, Gelesenes nur abzuschreiben und Wahrgenommenes lediglich zu reproduzieren. Sondern es soll daraus, durch die Verarbeitung vor dem Hintergrund bereits vorhandener Kenntnisse, eigener Überzeugungen und im Vergleich mit weiteren Informationen ein eigenes, reflektiertes Geschichtsbild bezüglich der Problemstellung entstehen. Dies geschieht konkret sehr unterschiedlich, je nach Thema und vor allem nach Erhebungsort der Informationen.

Archiv

Dem forschend-entdeckenden Lernen sollte – wenn das Archiv den Schülerinnen und Schülern noch nicht bekannt ist – eine Erstbegegnung vorausgehen, beispielsweise in einer Archivführung. Diese kann durch interaktive Elemente ergänzt werden. Zumeist thematisieren Archivführungen allgemeine (Archivwesen und Geschichte sowie Ausrichtung des genutzten Archivs), nutzerbezogene (Recherche, Bestellung, Bereitstellung, rechtliche Rahmenbedingungen der Nutzung von Archivgut), archivfachliche (Bestandsbildung und -erhaltung, Restaurierung) und teilweise auch spezielle thematische Aspekte in Kurzform (Sturm, 2008, 27).

Noch ertragreicher können Workshopangebote der Archive sein, die – bei entsprechender Nachfrage – standardisiert oder aber auf die konkrete Lerngruppe oder den Einzelnutzer bezogen sein können. Hier werden allgemeine Informationen durch weitere Module ergänzt. Beispielsweise können zusätzlich hilfswissenschaftliche Fragen geklärt werden – zur Aktenkunde, Diplomatik, Schriftgeschichte, Sphragistik u.Ä. – oder auch themenorientierte Begegnungen mit Originalquellen hinzukommen.

Wenn sich Lernende mit spezifischen thematischen Anfragen an das Archiv wenden und keinen allgemeinen Überblick mehr benötigen, erfolgt der Zugang zum Archiv über ein spezifisches historisches Erkenntnisinteresse. Dabei sollte von Seiten des Archivs berücksichtigt werden, dass es sich um Schülerinnen und Schüler handelt, deren archivische Kompetenzen im Werden begriffen sind und die deshalb besondere Unterstützung benötigen. Dies beginnt bei der bereits genannten Recherche in den archivischen Findmitteln, setzt sich in der Sichtung und dem Entschlüsseln der Quellen fort und führt bis zur Kontextualisierung der gefundenen Archivalien.

Schon wegen dieses Bedarfs an fachlicher Begleitung ist eine Anmeldung unter Angabe der konkreten Fragestellungen und Informationsbedürfnisse wichtig. So können Archivmitarbeiter nicht nur individuell zugeschnittene Angebote machen, sondern auch im weiteren Verlauf gemeinsam mit den Schülerinnen und Schülern Arbeitsschritte festlegen.

Schrift- und Bildquellen sind nicht nur vorrangige Elemente im Archivgut, sondern ebenso zentrale Medien des Geschichtsunterrichts. Wenn solche Quellen in modernen Lehrbüchern abgedruckt sind, sind sie aber zumeist (stark) bearbeitet. Beim forschend-entdeckenden Lernen geht es hingegen um die Begegnung mit den im Archiv vorhandenen Originalen. Sie präsentieren sich im Gegensatz zu den didaktisierten Quellen nicht in modernem Schriftbild auf einheitlich gutem Beschreibstoff, sind weder sprachlich angepasst noch gekürzt oder mit didaktischen Hinweisen und Fragestellungen versehen. Diesen Prozess der Handhabbarmachung vollziehen Lernende – gegebenenfalls mit Hilfestellung – eigenständig. Entscheidend ist es daher, im Archiv eben nicht den illustrativen Umgang mit den Originalquellen zu befördern, sondern sich tatsächlich dem Mosaikartigen, Tastenden und Fragmentarischen archivalischer Überlieferung zuzuwenden.

In der konkreten Arbeit aber stellen sich nicht nur inhaltliche Fragen, sondern es gilt im forschend-entdeckenden Lernprozess auch bestimmte Regeln der Arbeit im Archiv einzuhalten. Dabei geht es um den angemessenen Umgang mit den

Quellen – bis hin zur ggf. nötigen Benutzung von Handschuhen –, um die Reproduktionsvorschriften für das Archivgut und die Schutzfristen und Einhaltung anderer Vorgaben hinsichtlich der Verarbeitung von Informationen.

Einen besonderen Fall bilden Internetarchive. Hierbei sind nicht die Webauftritte der meisten Archive (evtl. inklusive Online-Findmitteln) gemeint, sondern tatsächlich webbasierte Archive. Auf diese wird im Abschnitt „Internet“ dieses Kapitels eingegangen.

FRAGEN-KATALOG „Schriftquellen“

- Wer ist der Verfasser der Quelle?
- Wann ist die Quelle entstanden?
- Zu welchem Anlass ist die Quelle entstanden?
- Auf welches Ereignis/Auf welchen Prozess/Auf welche historische Epoche bezieht sich die Quelle?
- Welche Art von Schriftquelle liegt vor? (z.B. Bericht, Urkunde, Brief)
- Ist die Quelle veröffentlicht worden oder blieb sie geheim? Falls sie veröffentlicht wurde, wo ist das geschehen?
- Welchen Inhalt (Gliederung, zentrale Aussagen, Argumente) hat die Quelle?
- Welche Stilmittel werden eingesetzt?
- Ist aus dem Inhalt die Perspektive/Einstellung des Verfassers zu erkennen?
- An wen richtet sich die Quelle?
- Welche Absichten verfolgt der Verfasser der Quelle?
- Ist der Text schlüssig? Finden sich Widersprüche?
- Welche kurz-, mittel- und langfristige Wirkung hat die Quelle (vermutlich) gehabt?
- Welche Gesamtaussage lässt sich formulieren?

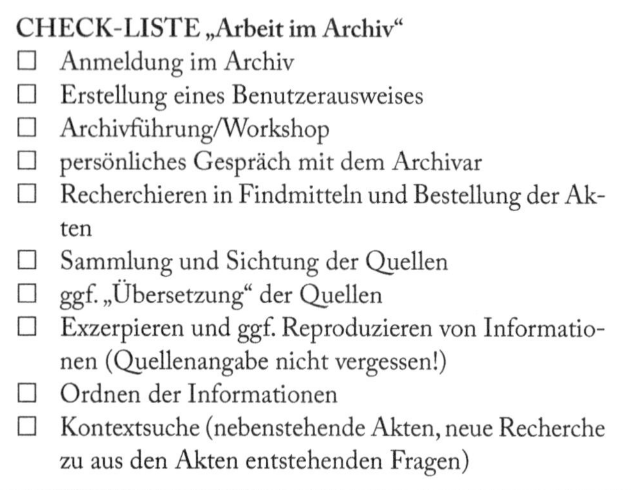

CHECK-LISTE „Arbeit im Archiv"

- ☐ Anmeldung im Archiv
- ☐ Erstellung eines Benutzerausweises
- ☐ Archivführung/Workshop
- ☐ persönliches Gespräch mit dem Archivar
- ☐ Recherchieren in Findmitteln und Bestellung der Akten
- ☐ Sammlung und Sichtung der Quellen
- ☐ ggf. „Übersetzung" der Quellen
- ☐ Exzerpieren und ggf. Reproduzieren von Informationen (Quellenangabe nicht vergessen!)
- ☐ Ordnen der Informationen
- ☐ Kontextsuche (nebenstehende Akten, neue Recherche zu aus den Akten entstehenden Fragen)

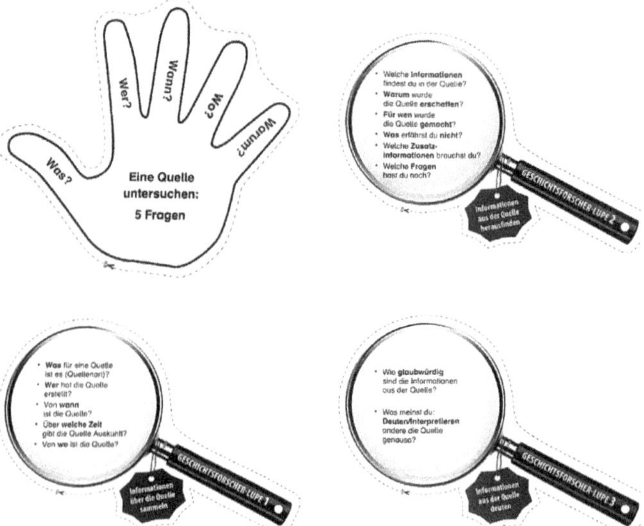

Abb. 5: Historische Fragehand und Geschichtsforscher-Lupen (Gläser/Becher 2015, 12 f.)

FRAGEN-KATALOG „Bildquellen“

- Wer ist der Maler/Zeichner/Fotograf?
- Wer war der Auftraggeber des Bildes?
- Wer war der Adressat des Bildes? (Einzelperson, öffentliche oder private Einrichtung, Öffentlichkeit)
- Wann wurde das Bild erstellt?
- Wo wurde das Bild erstellt?
- Wie lautet der Bildtitel?
- Auf welches Geschehen/Auf welche Interpretation eines historischen Geschehens bezieht sich der Bildtitel?
- Was ist auf dem Bild zu sehen? (Personen, Gegenstände, Landschaften, Handlungen)
- Wie sind die einzelnen Elemente des Bildes angeordnet? (Vorder- und Hintergrund, Größenverhältnisse, Lichtverhältnisse)
- In welchen Farben und Formen ist das Bild gehalten?
- Welche symbolischen Bedeutungen haben die Bildelemente, Anordnungen, Farben und Formen?
- Wurde ein Ausschnitt aus einem größeren Geschehen für das Bild gewählt? Falls ja, warum?
- Was will der Maler/Zeichner/Fotograf betonen?
- Welche Absichten verfolgt der Maler/Zeichner/Fotograf?
- Welche Aussagen macht das Bild über die politischen, sozialen und kulturellen Verhältnisse seiner Entstehungszeit? (nicht unbedingt der abgebildeten Zeit)
- Welche Gesamtaussage lässt sich formulieren?

Nicht nur, aber besonders im Archiv, können Hilfen zur Unterstützung der Schülerinnen und Schüler angeboten werden. Eva Gläser und Andrea Becher haben dazu für den Grundschulbereich die sogenannte „Historische Fragehand“ und die „Geschichtsforscher-Lupen“ (Abb. 5) entwickelt. Beide Instrumente sind in der abgebildeten Form auch für den Anfangsunterricht der weiterführenden Schulen geeignet. Für ältere Gruppen kann der passende Frage-Katalog für Schrift- und Bildquellen genutzt werden.

Bibliothek

Neben der Archivarbeit gehört das Arbeiten in der Bibliothek zu den wichtigsten Tätigkeiten des Historikers und ist auch beim forschend-entdeckenden Lernen von Schülerinnen und Schülern zentral.

Schließlich handelt es sich – mindestens partiell – immer um nachentdeckendes Lernen. Das heißt, dass das historische Thema zumindest teilweise bereits erforscht ist. Dazu existiert also bereits gedruckte (Fach-)Literatur, die herangezogen werden soll. Außerdem stellt die Bibliothek hilfswissenschaftliche Literatur bereit, beispielsweise Lexika, Handbücher oder Bibliographien. Moderne Bibliotheken machen jedoch nicht nur Printmedien zugänglich, sondern auch andere Medien, zum Beispiel Hörspiele/-bücher, Videos und Onlineressourcen.

Lernende können für das forschend-entdeckende Lernen unterschiedliche Bibliotheken nutzen. Eine erste Anlaufstelle ist häufig die Schulbibliothek. Sie wird zumeist durch die Fachschaften bestückt und orientiert sich daher am schulischen und fachspezifischen Bedarf. Für ein größeres Forschungsprojekt kann es ratsam sein, auch die Gemeinde- und/oder Stadtbibliothek aufzusuchen oder sogar eine Fachbibliothek (Universitäts-, Staats- oder Landesbibliothek, Bibliotheken öffentlicher Institutionen) zu nutzen.

Insbesondere Gemeinde-/Stadtbibliotheken bieten oft auch die Möglichkeit, für einen begrenzten Zeitraum eine themenspezifische Sachbibliothek zusammenzustellen, um den Rechercheaufwand einzuschränken und Medien bereitzuhalten, die die Schülerinnen und Schüler weder unter- noch überfordern.

CHECK-LISTE „Arbeit in der Bibliothek“

- ☐ Anmeldung in der Bibliothek
- ☐ Erstellung eines Benutzerausweises
- ☐ persönliches Gespräch mit dem Bibliothekar
- ☐ Führung durch die Bibliothek (Verstehen der Aufstellungssystematik, Einführung in Recherchestrategie, Vorstellen der Findmittel)
- ☐ Recherchieren in Findmitteln (meist Online-Katalog) und Erstellung einer Literatur-/Medienliste
- ☐ Entnahme/Bestellung der Bücher, Zeitschriften, Hörspiele/-bücher und Videos sowie Zugriff auf Online-Ressourcen
- ☐ Sammlung und Sichtung der Literatur
- ☐ Exzerpieren von Informationen (Literaturangabe nicht vergessen!)
- ☐ Ordnen der Informationen
- ☐ ggf. Recherchieren und Analyse der Verweisliteratur, die in einem Buch angegeben ist
- ☐ Kontextsuche (nebenstehende Bücher im Regal, Hinweis im Online-Katalog „Das fanden andere Benutzer interessant“ o.Ä.)

In der Bibliothek machen sich die Schülerinnen und Schüler vor allem mit Darstellungen vertraut und üben im Rahmen der Methodenkompetenz die Dekonstruktion vorhandener Geschichtsschreibung ein. Die Arbeit in der Bibliothek berührt aber auch nicht-fachspezifische Lese-, Informations- und Medienkompetenzen.

Die erste Herausforderung besteht im Auffinden der Literatur und der Einschätzung, ob es sich um relevante Informationen handelt. Dazu sind Methoden von Vorteil, die einen schnellen Überblick ermöglichen. Das Studieren von Inhaltsverzeichnissen und Registern sowie überfliegende Lesetechniken sind hilfreich. Da insbesondere Fachliteratur – abseits von speziell für Kinder und Jugendliche verfassten Sachmedien – nicht auf Schülerinnen und Schüler zugeschnitten ist, haben diese häufig Verständnisprobleme. Je nach Anspruch der Texte kann dies eine motivierende Herausforderung sein, aber auch als frustrierend erlebt werden. In der Begleitung der Gruppe ist hier die Lehrkraft gefragt, um Hilfestellungen anzubieten.

FRAGEN-KATALOG „Darstellungstexte"

- Wer ist der Verfasser des Buches/des Artikels?
- ggf.: Welche Institution ist der Auftraggeber?
- Wann ist das Buch/der Artikel entstanden?
- An wen richtet sich das Buch?
- Welche Textart liegt vor?
- Auf welches Ereignis/Auf welchen Prozess/Auf welche historische Epoche bezieht sich das Buch/der Artikel?
- Welchen Inhalt (Gliederung, zentrale Aussagen, Argumente) hat das Buch/der Artikel?
- Wo ist am Inhalt des Buches/des Artikels die Perspektive/Einstellung des Verfassers zu erkennen?
- Welche Absichten verfolgt der Verfasser des Buches/des Artikels?
- Ist der Text schlüssig? Finden sich Widersprüche?
- ggf.: Wie haben andere Historiker/Historikerinnen auf das Buch/den Artikel reagiert?
- Wie ist das Buch/der Artikel im Vergleich zu anderer Literatur zum selben Thema zu bewerten?

Darstellungstexte müssen als Interpretationen von Vergangenheit gelesen werden. Sie ermöglichen einen Blick auf bereits vorhandenes Wissen zum Thema, das forschend-entdeckend erarbeitet wird. Außerdem ist es damit möglich, Lücken in der bisherigen Forschung zu erkennen. Schließlich zeigt sich häufig, dass unterschiedliche Autoren aufgrund gleicher oder ähnlicher Quellen zu verschiedenen Schlussfolgerungen kommen. Diese Erkenntnisse sind für Schülerinnen und Schüler wichtig, um die eigene Arbeit einordnen, ihren Wert erkennen und Narrative anderer wahrnehmen und beurteilen zu können.

Museum

Museen, genauer gesagt historische Museen, ermöglichen Zugang zu originalem, dinglichem Vergangenen. Ihre Hauptaufgabe ist das Sammeln, Bewahren, Erforschen und Vermitteln anhand von Artefakten aus der Vergangenheit. Zunehmend sind moderne Museen auch „Orte des Vertrauens" (Barricelli/Golgath 2014, 13), die sich bemühen individualisierte Angebote zu machen – ein wichtiger Schritt für forschend-entdeckende Ansätze. Schülerinnen und Schüler kommen hier mit Quellen in Kontakt, die sonst im Geschichtsunterricht aufgrund mangelnder Verfügbarkeit nur in geringem Umfang eingesetzt werden.

Historische Museen sind beispielsweise Heimat-, Stadt-, Freilicht-, Technik- und Kulturgeschichtsmuseen. Es gibt in der überaus vielfältigen Museumslandschaft aber auch Angebote zu speziellen Aspekten der Geschichte, beispielsweise zu bestimmten Epochen, Themen oder Zugängen.

Gegenständliche Quellen, Sachquellen, bieten besondere Anreize zum forschend-entdeckenden Lernen. Das Ding an sich hat einen starken Aufforderungscharakter, indem es zumeist vielfältige Fragen aufwirft (Stadtmüller 1999, 395). Diese können so gewichtet werden, wie es für die Problemstellung im forschend-entdeckenden Lernprozess förderlich ist. Der Vorteil der Präsentation im Museum liegt in der Kontextualisierung der Sachquelle. Die Herausforderung besteht allerdings darin, sich klarzumachen, dass das Museum oder eine Ausstellung eine Narration präsentiert, die es zu entschlüsseln gilt.

CHECK-LISTE „Besuch eines Museums"

- ☐ Anmeldung im Museum
- ☐ Recherchieren der möglichen Besuchsformen (Museums- und/oder Magazinführung, Museumsgespräch, Workshop, gläsernes Magazin, erkundende Angebote)
- ☐ Unterstützung durch die Museumspädagogen
- ☐ Kennenlernen der Objekte im Museum
- ☐ Wahrnehmen der relevanten Objekte in ihren Details
- ☐ Exzerpieren der Kontextinformationen zu den relevanten Objekten
- ☐ Erkunden der Zusatzangebote des Museums (Multimediastationen, Merkblätter mit vertiefenden Informationen u.Ä.)
- ☐ Verstehen der „Erzähllogik" des Museums/der Ausstellung
- ☐ ggf. Ausprobieren historischer Objekte
- ☐ Ordnen der Informationen
- ☐ Kontextsuche (umstehende Objekte; Objekte, auf die Bezug genommen wird)

Gerade mit forschend-entdeckendem Zugang wird die Schülerin/der Schüler vom „Museumsbesucher zum Museumsbenutzer" (Heese 2007, 54), denn sie/er verwendet das Museum als Steinbruch für die eigene Forschungstätigkeit. Dabei kann sie/er unter Umständen nicht nur auf präsentierte Objekte, sondern auch auf Magazinbestände (Schaudepot, gläsernes Magazin) zurückgreifen. Vor einer solchen themenspezifischen Nutzung des Museums steht jedoch häufig der allgemeine Zugang zur Institution. Er lässt sich am besten durch eine Führung gewährleisten. Um detaillierter zu bestimmten Aspekten zu arbeiten, bietet sich ein Museumsgespräch zu bestimmten Objekten an. Danach oder auch stattdessen kann eine eigenständige Erkundung den forschend-entdeckenden Zugang bereits deutlich anbahnen. Als narrative Begleitung bieten Museen beispielsweise die Arbeit von Museumspädagogen, Begleittexte, Audioguides oder Multimediastationen an. Viele Museen stellen zudem mittlerweile bestimmte Ressourcen online, so dass ggf. ein virtueller Museumsrundgang – dazu mehr im Abschnitt „Internet" in diesem Kapitel – oder eine bildliche Erfahrung bestimmter Objekte möglich ist.

FRAGEN-KATALOG „Sachquellen"

- Wie sieht das Objekt aus? (Form, Größe, Gewicht, Farbe)
- Aus welchem Material besteht das Objekt?
- Befinden sich Bilder, Symbole oder Text auf dem Objekt? Wenn ja, was ist auf dem Objekt dargestellt?
- Handelt es sich um ein Original oder eine Kopie?
- Wie funktioniert das Objekt?
- Wofür wurde es benutzt?
- Wer nutzte das Objekt?
- Aus welcher Zeit stammt das Objekt?
- Wo wurde das Objekt eingesetzt?
- Wer hat das Objekt hergestellt?
- Wem gehörte das Objekt?
- Gab es Vorbesitzer? Wen?
- Wer war der Auftraggeber des Objektes?
- Zu welchem Anlass und/oder Zweck wurde das Objekt produziert?
- Wer war der Adressat des Objektes? (Einzelperson, öffentliche oder private Einrichtung, Öffentlichkeit)
- Handelt es sich um ein Einzelstück? Oder ist der Gegenstand weit verbreitet?
- Welchen Wert hatte und hat das Objekt ganz allgemein?
- Welche Bedeutung hatte das Objekt für seinen Besitzer?
- Wie wurde das Objekt gefertigt?

- Wie hat das Objekt die Zeit überdauert, wie wurde es überliefert?
- Welche Aussagen können mithilfe des Objekts über seine Entstehungszeit und seine Nutzung getroffen werden?
- Welche Aussagen können mit dem Objekt über Personen, Ereignisse oder Ideen seiner Entstehungszeit und im Zusammenhang mit seiner Nutzung getroffen werden?
- Welche Gesamtaussage lässt sich formulieren?

Historische Orte

Im Gegensatz zu den gegenständlichen Quellen im Museum handelt es sich bei Artefakten an historischen Orten um Immobilien. Das können beispielsweise Gebäude, Befestigungsanlagen, Denkmäler und Gräber sein. Sie sind nicht beweglich und das forschend-entdeckende Lernen ist daher nur durch ein Aufsuchen des historischen Ortes möglich. Eine Ausnahme bilden virtuelle Angebote zur Besichtigung, die allerdings nicht ermöglichen, dingliche Objekte mit allen Sinnen und in ihrem örtlichen Kontext zu erfahren.

Historische Orte können aber auch ohne konkrete Objekte wirken. Schlachtfelder oder sogar reine Landschaftsformen als Orte früheren Geschehens wirken ohne gegenständliche Überlieferung.

Ebenso wie die Objekte im Museum werfen Überreste an historischen Orten und die Stätten an sich durch ihren meist fragmentarischen Charakter viele Fragen auf. Zudem erzeugen sie über die Realbegegnung, durch Authentizität und Anschaulichkeit Motivation, die sich für das selbstgesteuerte forschend-entdeckende Lernen nutzen lässt. Dabei sollte nach dem Prinzip „Weniger ist mehr“ vorgegangen werden.

CHECK-LISTE „Historische Orte“

- ☐ Auswahl eines erreichbaren und relevanten historischen Orts
- ☐ Recherchieren der Rahmenbedingungen (Vorabbesuch: ggf. Öffnungszeiten, Orientierung, Feststellung notwendigen Vorwissens und evtl. nötiger Hilfsmittel, z.B. Lageplan)
- ☐ ggf. Unterstützung durch einen Experten
- ☐ Kennenlernen des historischen Orts
- ☐ Wahrnehmen der relevanten Objekte in ihren Details und/oder natürlichen Gegebenheiten
- ☐ handlungsorientiertes Erkunden des historischen Orts
- ☐ Mitschrift relevanter Informationen
- ☐ Ordnen der Informationen
- ☐ Kontextsuche (Bezugnahmen im Nahraum, zum Beispiel Erläuterungstafeln)

Dem forschend-entdeckenden Organisationsprinzip steht methodisch vor allem die Erkundung des historischen Orts nahe. Dabei geht es darum, mit dem Ort (ggf. einschließlich der auf ihm befindlichen Hinterlassenschaften) selbst eine Rekonstruktionsleistung zu erbringen. Typische Formen der forschend-entdeckenden Erkundung sind nach Mayer: „ausmessen, zeichnen, berechnen, fotografieren, filmen, beschreiben, zeigen, benennen, […] erläutern, […] suchen, schätzen, skizzieren, abschreiten, fragen, raten“ sowie „Karten, Lagepläne und Grundrisse erstellen“. Dabei dienen weitere Quellen und Darstellungen der Schließung von Erkenntnislücken. Wichtig ist, Schülerinnen und Schüler darauf aufmerksam zu machen, dass es neben der Bezugnahme auf den konkreten Ort um das „Wiedererkennen, Vergleichen, Klassifizieren, Konfrontieren und Schlussfolgern“ geht (dazu und im Folgenden, einschließlich des Fragen-Katalogs: Mayer [2]2007, 399 und 404).

FRAGEN-KATALOG „Historische Orte"
(für Objekte gilt auch der Frage-Katalog „Sachquellen" aus dem Abschnitt „Museum")

- Wo liegt der historische Ort?
- Warum liegt der historische Ort gerade dort?
- Welche Konsequenzen ergeben sich aus der Lage für den historischen Ort?
- Sind die Überreste aus der Geschichte ein Teil eines ehemals größeren Ensembles?
- Ist der historische Ort typisch für diese Art von Orten?
- Welche Aufgabe hatte der historische Ort? Woher weiß man das?
- Welche Bedeutung hatte der historische Ort in der Geschichte?
- Was erfährt man durch den historischen Ort über die Rahmenbedingungen?
- Was erfährt man durch den historischen Ort über Lebensumstände und Mentalitäten?
- Welche Bedeutung hat der historische Ort heute?

Ulrich Mayer weist – und dies mag eine besondere Herausforderung an historischen Orten sein – aber auch darauf hin, dass historische Orte Gefahr laufen zum „Abenteuerspielplatz" auszuarten.

Zeitzeuge

Zeitzeugenaussagen sind aus dem Geschichtsunterricht nicht mehr wegzudenken. Der Umgang mit ihnen wird in manchen Lehrplänen und beispielsweise im Geschichtswettbewerb des Bundespräsidenten explizit gefordert. Immer geht es in der praktischen Nutzung solcher Quellen darum, „wie Formen der mündlichen Überlieferung stärker und bewusster als bisher in den Geschichtsunterricht einbezogen werden können", aber auch wie „die populäre Verwendung von Zeitzeugen […] kritisch zu analysieren“ ist (Henke-Bockschatz 2014, Klappentext).

Die Oral History, so der wissenschaftliche Begriff, ist eine seit Ende der 1970er Jahre etablierte hermeneutische Methode der Geschichtswissenschaft. Eng damit verbunden war eine Aufwertung sogenannter ‚Geschichte von unten‘. Während zunächst der Einsatz als Ersatzquelle bei mangelndem Angebot an Schriftquellen überwog, werden heute die Potenziale mehrdimensionaler Überlieferung betont. Sie umfasst die Produktion, Bearbeitung, Analyse und Interpretation mündlicher Quellen.

Wegen der hohen Anschaulichkeit fand das Konzept raschen Eingang sowohl in die Laiengeschichtsforschung als auch in die Schule. An einen Zeitzeugenvortrag, ein Zeitzeugengespräch oder eine Zeitzeugenbefragung im Geschichtsunterricht kann jedoch nicht der gleiche Maßstab wie an die Oral History angelegt werden. Der Umgang mit Zeitzeugen sowie mit Text-, Audio- und Filmquellen, die auf Zeitzeugenaussagen beruhen – auch mit forschend-entdeckenden Mitteln –, soll aber trotzdem im schulischen Kontext gestärkt werden, da es sich um eine Quellengattung mit eigenem Wert handelt. Ihre entscheidende Qualität liegt in der Unmittelbarkeit sowie der Subjektivität der Schilderung und in der Verknüpfung mit geschichtskulturellen Phänomenen.

Der Umgang mit subjektiv und tatsächlich erlebter Vergangenheit fasziniert viele Lernende. Die Augen- und Ohrenzeugenschaft der berichtenden Person erscheint für Schülerinnen und Schüler emotional beeindruckend und lebendig. Vieles lässt sich auch nur durch Zeitzeugenaussagen rekonstruieren, da es nicht über andere Quellen fassbar ist. Die historische Belastbarkeit der gewonnenen Aussagen muss jedoch kritisch hinterfragt werden, denn „Erinnerung erweist sich als Konstruktion. Konstruktion heißt immer Neukonstruktion, Umkonstruktion und Fehlkonstruktion bei jedem einzelnen Erinnerungsakt“ (Borries

2009, 142 f.). Dies fällt vielen Schülerinnen und Schülern schwer. Deshalb muss die Zeitzeugenbefragung beim selbstgesteuerten forschend-entdeckenden Lernen besonders intensiv begleitet werden. Sie soll keine unterhaltsame, aber letztlich unreflektierte und bezogen auf Sinnbildungsprozesse wirkungslose Ergänzung zu anderen Quellen sein, sondern einen eigenständigen Wert als mündlich überlieferte individuelle Geschichtserfahrung haben.

In der praktischen Umsetzung dieses Vorhabens müssen zunächst bestimmte Voraussetzungen geschaffen werden: Die Lernenden brauchen Vorkenntnisse über historische Inhalte, aber vor allem auch methodische Kenntnisse zu Interviewpraxis und Gesprächsführung. Weiterhin müssen Fertigkeiten im Bereich der reflektierten Auswertung, Kontextualisierung und kritischen Bewertung (sowie Präsentation) von Zeitzeugenaussagen eingeübt werden.

Neben der eigenständigen Erhebung von Zeitzeugenaussagen im Geschichtsunterricht werden – sogar weitaus häufiger – bereits bestehende, konservierte Dokumente genutzt. Einerseits lassen solche audiovisuellen oder auditiven Aufzeichnungen bestimmte Merkmale des spezifischen Charakters von Zeitzeugenquellen vermissen, andererseits bieten jene Aufzeichnungen „die Chance [...] ‚einen neuen Gebrauch von Geschichte und Erinnerung zu erproben', der den Bezugsrahmen des Gedächtnisses stärker auf die gesellschaftlich anzustrebende Zukunft [...] ausrichtet" (Giesecke und Welzer zitiert bei: Henke-Bockschatz 2014, 77). Dies ist jedoch nur der Fall, wenn keine „geschnipselten" Zeitzeugenaussagen verwendet werden, die in dokumentarischen Filmformaten oft nur zur Bekräftigung der Narration eingesetzt werden.

Den Schülerinnen und Schülern muss klarwerden, „dass das Interview drei Erzählebenen aufweist, die getrennt voneinander betrachtet werden müssen: Erstens erfolgt aus subjektiver Sicht die Narration eines historischen Geschehens, in der die Zeitzeugin/der Zeitzeuge sozusagen in seiner eigenen Lebensgeschichte ‚zurückgeht‘. Zweitens erzählt der Interviewpartner über seine heutige Sicht auf die Vergangenheit sowie auf sein eigenes Verhalten. Drittens antizipiert der Berichtende dabei vergleichend gesellschaftliche Normen und Werte damals und heute. Nur wenn die Beschäftigung mit der Interviewquelle diesen Dreischritt nachvollziehbar macht, ist das Potenzial der Zeitzeugenbefragung ausgenutzt und sichergestellt, dass das Transkript nicht als vermeintliche Wiedergabe von Fakten […] verarbeitet wird.“ (Ehm u.a. 2013, 17)

Mögliche Methodenbausteine zur Verwendung solcher audiovisueller oder auditiver Materialien, aber auch von schriftlichen Transkripten selbst geführter Zeitzeugengespräche können beispielsweise die folgenden sein: Erschließung der historischen Sachinformationen (Kontextschilderungen) sowie der individuellen Lebensereignisse aus dem Bericht/Gespräch/der Befragung, Erschließen der Erzählstrategie und der Verknüpfungen verschiedener Aspekte der Erzählung durch den Zeitzeugen, Erschließen der Urteile des Zeitzeugen über das Erlebte, (Ein-)Ordnung der inhaltlichen Aspekte der Erzählung im zeitlichen Verlauf, weiterführende Kontextualisierung, Thematisierung von Brüchen und Widersprüchen innerhalb des Quellenmaterials sowie im Vergleich mit weiteren Quellen (dazu und im Folgenden: Schreiber 2014).

CHECK-LISTE „Zeitzeugenbericht/-gespräch/-befragung“

Eigene Erhebung:

- ☐ Auswahl eines geeigneten Zeitzeugen (Augenzeugenschaft, gesundheitliche Aspekte, Entscheidung bzgl. „professionellem“ Zeitzeugen oder „Laienzeitzeugen“)
- ☐ Recherchieren der Rahmenbedingungen (Zeit, Ort und nötige Hilfsmittel für das Treffen)
- ☐ Schaffung der technischen Voraussetzungen für die Konservierung der Zeitzeugenaussagen (Aufnahmegerät)
- ☐ ggf. Vorgespräch mit dem Zeitzeugen, sonst am Anfang des Haupttreffens (Verständigung über das Gesprächsziel, Grundlegendes zum Lebenslauf des Zeitzeugen, Vorstellen der Gesprächssituation, Erklären des Verwendungszwecks, Einholen des Einverständnisses des Zeitzeugen zur Nutzung seiner Aussagen)
- ☐ Aneignung wichtiger Kontextinformationen
- ☐ Vorbereitung offener Fragen für das Zeitzeugengespräch/die Zeitzeugenbefragung oder ergänzender Fragen zu einem Zeitzeugenbericht
- ☐ Kennenlernen des Zeitzeugen („Small Talk“)
- ☐ Wahrnehmen der relevanten Abschnitte des Lebenslaufs
- ☐ Mitschrift relevanter Informationen
- ☐ Ordnen der Informationen
- ☐ Hinterfragen der subjektiven Geschichtsschreibung durch den Zeitzeugen (Erzählebenen: Narration der erinnerten eigenen Lebensgeschichte – eigene Bewertung der Lebensgeschichte – Vergleich mit anderen Lebensgeschichten, mit gesellschaftlichen Normen und Werten im Heute)
- ☐ Kontextsuche (Bezugnahmen auf andere Personen, Orte, Geschehnisse, Quellen)

Nutzung vorhandener Zeitzeugenaussagen:

- ☐ Recherchieren in Findmitteln (Zeitzeugenportale), vor allem im Internet und in publizierten Sammlungen von Zeitzeugeninterviews
- ☐ Sammlung und Sichtung der relevanten Quellen
- ☐ Exzerpieren und ggf. Reproduzieren von Informationen (Quellenangabe nicht vergessen!)
- ☐ Ordnen der Informationen
- ☐ Kontextsuche (Bezugnahmen auf andere Personen, Orte, Geschehnisse, Quellen)

FRAGEN-KATALOG „Zeitzeugenaussagen“

- Wer ist der Zeitzeuge?
- Welches sind die wichtigsten Stationen seines bisherigen Lebenslaufs?
- Wie alt war der Zeitzeuge zum Zeitpunkt des historischen Ereignisses/Prozesses/Zeitraums?
- War der Zeitzeuge vor Ort? War er ein Augenzeuge oder „nur“ ein Ohrenzeuge?
- Was war die Rolle des Zeitzeugen beim Ereignis/Prozess/im Zeitraum?
- Was erzählt der Zeitzeuge über das relevante historische Phänomen?
- Was war für den Zeitzeugen damals besonders wichtig, beeindruckend und/oder bewegend?
- Wie deutet der Zeitzeuge das Geschehen?
- Was ist für den Zeitzeugen heute an diesem historischen Phänomen besonders wichtig, beeindruckend und/oder bewegend?
- Welche Verknüpfungen zwischen verschiedenen Informationen schafft der Zeitzeuge in seiner Aussage?
- Erklärt der Zeitzeuge, warum er so erzählt, wie er erzählt?

- Welche Teile der Aussage schildern ganz persönliche (vielleicht auch nicht überprüfbare) Erfahrungen des Zeitzeugen?
- In welchen Teilen seiner Aussage hat der Zeitzeuge seine heutige Sicht mitgeteilt?
- ggf.: Wie weicht diese heutige Sicht von der damaligen Sicht ab?
- Was und wie hat der Zeitzeuge den Zuhörern etwas zusätzlich erklärt oder erläutert?
- Hat der Zeitzeuge eine deutliche Intention, warum er eine Aussage machen wollte? Hat der Zeitzeuge eine Botschaft für die Gegenwart oder die Zukunft?
- Welche Aussagen des Zeitzeugen lassen sich durch andere Quellen oder Darstellungen bestätigen?
- Ist die Erzählung des Zeitzeugen nachvollziehbar und triftig?
- Welche Stellen in der Zeitzeugenaussage sind zu bezweifeln oder müssen noch einmal überprüft werden?
- Welchen Wert haben die Aussagen des Zeitzeugen für die Erforschung des historischen Phänomens?
- Welche Gesamtaussage lässt sich formulieren?

Experte

Die Befragung einer Expertin/eines Experten kann gerade im forschend-entdeckenden Lernen eine Methode darstellen, die sonst im Geschichtsunterricht wenig genutzt wird, aber konkrete Antworten einer kompetenten Bezugsperson auf eigene Fragen ermöglicht. Wichtig ist das vor allem dann, wenn die gewünschten Informationen aus anderen Quellen und Darstellungen (durch die Schülerin/den Schüler) nicht oder nur mit einem unverhältnismäßig hohen Aufwand erschlossen werden können. Ein anschauliches Beispiel ist das Heranziehen einer Expertin/eines Experten im Archiv, der in der Lage ist, alte Quellen mit unverständlicher Schrift für die Lernenden zu

„übersetzen“ und sie sprachlich und inhaltlich einzuordnen. Während aber bei diesem Beispiel die Rolle der Expertin/des Experten als Helfer bei der Forschungsarbeit der Schülerinnen und Schüler festgelegt ist, kann die Expertin/der Experte auch in einem eigenständigen inhaltlichen Kontext auftreten.

Die Vorteile der Expertenbefragung sind zusammengefasst: der Ernstcharakter des forschend-entdeckenden Zugangs durch Kontakt mit einem (anderen) Forscher, die Wissensvermittlung durch eine fachkundige Person und die Möglichkeit für den Lernenden, Verständnisschwierigkeiten durch Nachfragen zu begegnen. Die Antworten der Expertin/des Experten können auch wissenschaftspropädeutischen Charakter haben und damit eine Anleitung zum eigenen forschend-entdeckenden Lernen sein. Das geschieht vor allem dann, wenn diese Person erkennen lässt, wie sie zu ihrem Wissen gekommen ist.

Expertengespräche können im schulischen Rahmen stattfinden. Sie sind dann meist für eine größere Gruppe gedacht. Im Rahmen von Exkursionen zu außerschulischen Lernorten (Archiv, Bibliothek, Museum, historischer Ort) können solche Expertengespräche unterstützend wahrgenommen werden. Manchmal ergeben sie sich sogar spontan. Beim forschend-entdeckenden Lernen kann es aber auch sein, dass Einzelne oder Kleingruppen bei der eigenständigen Tätigkeit auf Fragen und Probleme stoßen, die sie mit einer Expertin/einem Experten klären können/möchten. In diesem Fall wird die Expertenbefragung individuell vereinbart und findet mehr oder weniger formell statt. Denkbar sind verschiedene Formen der Durchführung, zum Beispiel persönliche Begegnung, Telefon- oder Skype-Interview oder schriftliche Befragung.

CHECK-LISTE „Expertengespräch/-befragung“

- ☐ Auswahl eines geeigneten Experten/einer geeigneten Expertin
- ☐ Recherchieren der Rahmenbedingungen (Zeit, Ort und nötige Hilfsmittel für das Treffen)
- ☐ Schaffung der technischen Voraussetzungen für die Aufzeichnung der Informationen (Aufnahmegerät)
- ☐ ggf. Vorgespräch mit dem Experten/der Expertin, sonst am Anfang des Haupttreffens (Verständigung über das Gesprächsziel, Erklären des Verwendungszwecks, Einholen des Einverständnisses der Expertin/des Experten zur Nutzung seiner Aussagen)
- ☐ Aneignung wichtiger Kontextinformationen
- ☐ Vorbereitung von Fragen
- ☐ Mitschrift relevanter Informationen
- ☐ Ordnen der Informationen
- ☐ ggf. Nachfragen zu Unverständlichem
- ☐ Hinterfragen der Perspektive der Expertin/des Experten, besonders bei kontroversen Themen der Vergangenheit
- ☐ Kontextsuche (Bezugnahmen auf andere Expertinnen/Experten und/oder auf bestimmte Quellen)

Das Expertengespräch ermöglicht für die Schülerin/den Schüler mitzuerleben, wie Geschichte gemacht wird. Viel klarer als im schriftlichen Darstellungstext – beispielsweise im Schulbuch – wird hier, dass Personen auf der Basis von Quellen rekonstruieren, was in der Vergangenheit geschehen ist. In einer Befragung wird sehr deutlich, dass Vergangenheit vom Experten immer nur ausschnittweise dargestellt werden kann und das die (Nach-)Fragen der Schülerinnen und Schüler die Narration mitbestimmen. Es wird aber auch klar, dass der Experte nur eine von vielen möglichen Perspektiven einnimmt und daher hinterfragt werden darf und soll.

Besonders motivierend beim forschend-entdeckenden Lernen wirkt sich die Tatsache aus, dass die Expertin/der Experte zu genau den bisher fehlenden oder unverständlichen Aspekten befragt werden kann, die für den eigenen Ansatz wichtig sind. Im Gegensatz zu einer schriftlichen Darstellung muss hier häufig weniger ausgesiebt werden, was überhaupt für die eigene Arbeit relevant ist. Zudem ist eine Fachperson zumeist in der Lage, gezielte Hinweise zu geben, wo sich weiterführende Informationen finden lassen oder welche anderen Expertinnen oder Experten bei bestimmten Aufgaben behilflich sein können.

Nicht zuletzt ist ein Expertengespräch die Chance, eigene Teilergebnisse schon einmal vorzustellen und die Rückmeldung einer fachkundigen Person zur eigenen Problemstellung, den Hypothesen und Befunden zu erhalten.

FRAGEN-KATALOG „Expertengespräch"

- Wer ist der Experte/die Expertin?
- Was ist seine berufliche Position und in welche Institution ist er eingebunden?
- Für welchen Aspekt der Frage-/Problemstellung ist die befragte Person kundig?
- Was erzählt der Experte/die Expertin über das relevante historische Phänomen?
- Sind alle Sachverhalte beantwortet worden? Falls nein, welche Aspekte sind offengeblieben?
- Welche Verknüpfungen zwischen verschiedenen Informationen schafft der Experte/die Expertin in seiner Aussage?
- Wie deutet der Experte/die Expertin das Geschehen?
- Was ist für den Experten/die Expertin heute an diesem historischen Phänomen besonders wichtig?
- Welche eigenen Befunde bestätigt der Experte/die Expertin, welche stellt er in Frage?

- Welche Aussagen des Experten/der Expertin waren überraschend?
- ggf.: Welche Aussagen des Experten/der Expertin blieben trotz Nachfragen unklar?
- Welche Aussagen des Experten/der Expertin lassen sich durch andere Quellen oder Darstellungen bestätigen und/oder welche Quellen und Darstellungen hat der Experte/die Expertin als Grundlage seiner Aussagen genannt?
- Ist der Experte/die Expertin bestimmten Fragen bewusst ausgewichen? Hat er/sie einen Grund dafür angegeben?
- Welche Aussagen des Experten/der Expertin waren interessengeleitet?
- Welche Aussagen des Experten/der Expertin stellten eine subjektive Meinung der Person dar?
- Welche Gesamtaussage lässt sich formulieren?

Schulbuch als Arbeitsbuch

Schulbücher scheinen sich auf den ersten Blick nur wenig für das forschend-entdeckende Lernen zu eignen. Ob implizit oder explizit: Ein Schulgeschichtsbuch gibt schließlich historische Problemstellungen bereits vor und bietet zumindest Ansätze zu ihrer Lösung – wenn nicht sogar fertige Narrationen –, unterstützt durch sorgsam ausgewähltes Quellenmaterial.

In der Verwendungslogik des Schulbuchs als dichte Informationsquelle, die sowohl hinsichtlich der Darstellungen als auch dargebotenen Quellen einen konzisen Überblick über lehrplanrelevante Aspekte der Geschichte geben soll, ist dies verständlich. Die Passung mit von Schülerinnen und Schülern aufgeworfenen Fragen an die (oft regionale oder lokale) Geschichte aber scheint eher zufällig, oft auch unwahrscheinlich.

Trotzdem lässt sich das Schulbuch in vielerlei Hinsicht hervorragend für den forschend-entdeckenden Ansatz nutzen.

Erstens bietet es überblicksartig an den Wissensstand und die kognitiven Voraussetzungen von Lernenden angepasste Darstellungen zu „großen" Themen der Geschichte, die auf Fragestellungen, die forschend-entdeckend gelöst werden sollen, Einfluss nehmen.

Zweitens sind Schulbücher Hilfsmittel, ähnlich einem Lexikon oder Handbuch. Zeitleisten, Geschichtskarten, Schaubilder und Glossare schaffen Kontexte, in denen eigene Fragestellungen besser bearbeitet werden können. Methodenseiten helfen dabei, fachspezifische Methoden auf die eigene Themenstellung anzuwenden.

Drittens gibt es mittlerweile in vielen der sich als Lehr- und Arbeitsbuch verstehenden Lehrwerke Arbeitsaufträge, die eine forschend-entdeckende Organisation des Arbeitens verlangen. Dabei handelt es sich oftmals um Teilaufgaben, die nicht den gesamten Prozess betreffen, aber für die Einübung der Fertigkeiten forschend-entdeckenden Lernens wertvoll sind.

Viertens sind die in Schulbüchern edierten Quellen dem Leistungsniveau von Schülerinnen und Schülern angepasst. Sofern sie dadurch ihren Quellenwert nicht verlieren, sind sie geeignet Lese- und Verständnisprobleme zu mildern.

Fünftens bieten sich Schulbücher selbst als Quellen für forschend-entdeckenden Lernens an. An ihnen kann – zum Beispiel im historischen Vergleich – dekonstruierend nachvollzogen werden, wie Geschichte gemacht wird.

Internet

Es ist mittlerweile eine Binsenweisheit, dass das Internet wertvolle Impulse für den Unterricht liefert, gleichzeitig aber auch Herausforderungen bereithält, die manche Lehrkräfte ganz von seinem Einsatz fernhalten und viele mindestens skeptisch sein lassen.

Es soll hier nicht um die organisatorischen Schwierigkeiten der unterrichtlichen Arbeit im Netz gehen, sondern um geschichtsdidaktische Möglichkeiten und Grenzen sowie Einsatzmöglichkeiten im Rahmen forschend-entdeckenden Lernens.

Das Internet hat einen stark anziehenden Charakter für Schülerinnen und Schüler. Vieles, das früher analog genutzt wurde – Bücher, Filme, Kommunikationsmittel –, findet heute (ausschließlich) im Internet statt. Das Internet ist das Leitmedium der Gegenwart. Hinzu kommt, dass es mit einer gefühlt unendlichen Menge von Materialien aufwartet. Das Internet bietet über seine Informationen und seine Werkzeuge vielfältige Optionen, die im Rahmen der einzelnen Arbeitsschritte des forschend-entdeckenden Lernprozesses zum Einsatz zu kommen: bei der Recherche, beim Sammeln und Bewerten von Informationen, bei der Verknüpfung derselben, bei der Kommunikation zwischen den Bearbeitern der Themenstellung und schließlich bei der Präsentation der Erkenntnisse.

Demgegenüber kann das Internet frustrieren: Viele Angebote sind nur temporär verfügbar, die Güte der Informationen und Materialien lässt sich im überwiegenden Fall nicht zweifelsfrei ermitteln und hochwertige Materialien sind der eher kleinere Teil – „Pretiosen zwischen Müllbergen" (Wunderer 2000, 106). Das Internet ist zudem extrem textlastig, das Suchen in ihm will gelernt sein und mit den einfachen Mitteln der Übernahme – Copy&Paste – fühlen sich nicht wenige Nutzer eingeladen Gedanken, Ideen und Werke anderer ohne Quellenangabe zu übernehmen.

Aufgrund der Unüberschaubarkeit der Angebote kann hier nur vorgestellt werden, was grundsätzlich möglich ist.

Das Kapitel 5.5 hat das Internet bereits als Recherchemöglichkeit vorgestellt. Bei der Haupttätigkeit des forschend-entdeckenden Lernens, dem Sammeln, Ordnen und Verknüpfen von Informationen, lässt es sich umfangreich nutzen (im Folgenden: Bernsen/Kerber 2017):

- Institutionen der historischen Forschung – Archive, Museen, Universitäten und viele andere – haben selbst Internetpräsenzen, auf denen sie ihr Profil vorstellen, aber auch wichtige organisatorische Informationen (z.B. zur Lage, den Öffnungszeiten und Ansprechpartnern) sowie Findmittel liefern.

- Digitale Quellensammlungen und auch Einzeldigitalisate ermöglichen einen Zugriff auf Historisches. Die Quellen werden häufig von verlässlichen Einzelinstitutionen (meist Archive, Museen oder Bibliotheken) oder über bestimmte Kooperationsprojekte (z.B. Europeana) bereitgestellt. Über Google Books, Wikisource und Projekt Gutenberg existieren zudem Abertausende digitalisierte – auch historische – Printwerke. Digitale (historische) Audioquellen werden auch von Radiosendern und über Videoportale angeboten. Mittlerweile gibt es zudem zahlreiche digitalisierte (zumeist videographierte) Zeitzeugenaussagen (z.B. Zeitzeugenportal, Zwangsarbeit-Archiv).
- Viele Fernsehsender, aber auch Onlinevideoportale und sogar Städte und Gemeinden bieten Geschichtsvideos. Dies können Digitalisate von Sendungen mit historischem Inhalt sein, zusätzliches Material zu diesen Sendungen, aber auch eigens produzierte Angebote (z.B. Simpleshow oder MrWissen2go) oder Imagevideos. Diese Angebote befassen sich – manchmal allerdings stark reduziert – vor allem mit „großer" Geschichte, sind aber Möglichkeiten zum raschen Wiederholen und zur Kontextualisierung.
- Virtuelle Exkursionen sind bereits für viele Museen und historische Orte möglich. So lassen sich Rundgänge durch Gebäude, aber auch im Außenraum durchführen. Dies ersetzt zwar die Originalbegegnung nur teilweise, erweitert aber das Spektrum möglicher Exkursionsziele. Zudem hält das Internet Angebote bereit, bei denen nicht mehr vorhandene Ziele erfahrbar gemacht werden. Die virtuelle Exkursion steuert dann beispielsweise digital rekonstruierte Gebäude an.
- Zeitungen und Zeitschriften erscheinen heute überwiegend nicht nur in gedruckter Form, sondern auch als e-paper.

Viele Zeitungsverlage bieten darüber hinaus einen Zugriff auf ihre historischen Ausgaben. Damit ist einerseits ein Zugriff auf Quellen möglich, andererseits aber besonders eine Auseinandersetzung mit Geschichtskultur.

- Geschichts- und erinnerungskulturelle Aspekte lassen sich auch mit eigenständigen Interneteinträgen untersuchen. Für bestimmte historische Themen bedeutet dies allerdings vor dem eigenständigen forschend-entdeckenden Lernen etwas über Meinungspluralität im Internet zu lernen. So können Schülerinnen und Schüler im Prozess lernen, wie sie geschichtsrevisionistische und Hass-Seiten erkennen und sich ihnen gegenüber kompetent positionieren können.
- Online-Lexika – das bekannteste ist Wikipedia – sind von Schülerinnen und Schülern sowieso umfangreich genutzte Wissensspeicher. Ein organisierter Zugriff im Rahmen des forschend-entdeckenden Lernens sollte es sich zum Ziel machen, nicht nur Informationen aus solchen Lexika zu beziehen, sondern auch Verlässlichkeit und Relevanz der dort dargebotenen Daten zu hinterfragen.
- Digitale Geschichtskarten helfen Informationen zu verorten. Möglich ist sowohl eine Nutzung aktueller Karten mit Eintragungsmöglichkeiten, beispielsweise zu historischen Orten (z.B. Animaps, aber auf Englisch), oder ein Zugriff auf Geschichtskarten, die bereits erstellt wurden (z.B. HGIS).
- Zeitleisten lassen sich heute digital aus dem Internet abrufen (z.B. historicum.net), aber auch mit Digitalwerkzeugen erstellen (z.B. Timeline JS). Der Vorteil: Sie können durch vielfältiges Material, das selbst hochgeladen wurde oder aber verlinkt ist, angereichert werden. Dies ist auch kollaborativ möglich.
- Werkzeuge zum kollaborativen Arbeiten und zur Informationssammlung sind wichtiger Bestandteil des Internets (z.B. verschiedene Clouds, Etherpads, social bookmarking, Concept-/Whiteboards, Thinglink zur Bildkommentierung oder ZUM-Wiki). Der Austausch zwischen Bearbeitern

kann so intensiviert und verstetigt werden, persönliche Zusammenkünfte bilden dann konzentrierte Möglichkeiten, sich über Fragen, Konflikte und Pläne zu verständigen, während inhaltliche Beiträge im Internet bereitgestellt werden.

- Unmittelbar lassen sich die Ergebnisse forschend-entdeckenden Lernens auf Plattformen zusammenführen, mit denen ein virtuelles Reenactement möglich ist. Das bedeutet, historische Ereignisse und Prozesse nachzuzeichnen, indem sie beispielsweise über Twitter (z. B. TwHistory, Stolpertweets) oder Facebook kommuniziert werden.
- Austauschplattformen, die weniger inhalts- als kommunikationsorientiert sind, werden von Schülerinnen und Schülern außerhalb des Unterrichts umfangreich genutzt (z.B. Blogs, soziale Netzwerke, Foren). Innerhalb des Lernprozesses ermöglichen sie unkompliziert Absprachen, Hilfestellungen und Austausch. Sie können allerdings auch über die eigentliche Lerngruppe hinausgehen und eine erste Vernetzung mit der Öffentlichkeit darstellen.

Informationen verknüpfen

Nachdem relevante Quellen und Darstellungen an den einzelnen Erhebungsorten gesammelt wurden, werden die Interpretationen strukturiert. Das bedeutet, sie mit Blick auf die Problemstellung in einen Zusammenhang zu stellen. Bei der Ordnung müssen aber auch die Überlieferung sowie die Einordnung als Quelle oder Darstellung beachtet werden, um den Aussagegehalt einschätzen zu können.

Die dritte Aufgabe besteht schließlich darin, die erhobenen Informationen zu kontextualisieren, generalisieren, typologisieren und vergleichen. Während dies im vorhergehenden Schritt des Sammelns und Ordnens aus dem Material heraus geschieht, geht es nun um einen größeren synchronen und/oder diachronen Zusammenhang. Hans-Jürgen Pandel betont – wenn er auch über Historikerinnen und Historiker spricht und daher Schülerinnen und Schüler dies wohl nur in Ansätzen tun –, dass diese Operationen eine doppelte Zielrichtung haben: „Allgemeines finden und Individuelles schärfer fassen" (Pandel 2017, 127). Dabei werden mikro- und makrohistorische Entwicklungen verknüpft. Das heißt auch, dass hier noch einmal die Frage gestellt wird, welche Entdeckungen wirklich interessant und relevant sind. Dieser Schritt der Auswahl wird aber von Lernenden zumeist nicht als schmerzvoll – nutzlose „Investitionen" für das Ausgesonderte –, sondern positiv als Überfluss, als Materialvielfalt, aus der das Beste verwendet werden kann, erlebt (Vorländer 1986, 127; Henke-Bockschatz 2004, 26).

Um das alles zu ermitteln, sind eigenständige Leistungen erforderlich, die bedeuten können, dass die Schülerinnen und Schüler die Phase des „Recherchierens" sowie die des „Sammelns, Ordnens und Verknüpfens" erneut – unter anderem Schwerpunkt – durchlaufen.

Zudem können sich aus den Informationen selbst weitere, teilweise nochmals konkretere Fragen und Problemstellungen ergeben, die nach dem gleichen Schema gelöst werden.

6.5 Ergebnisse darstellen

„Nur was zu Ende gedacht ist,
bringt auch ein Ergebnis."

(Napoleon I. Bonaparte)

Neue, ergänzende oder auch alternative Orientierungen entstehen aber nicht nur durch das Material an sich, sondern insbesondere durch die Kommunikation von Lernenden über ihre (Teil-)Erkenntnisse. Dies kann – wie in einer Art Kolloquium – so geschehen, dass einzelne Schülerinnen/Schüler oder Kleingruppen ihre Arbeit zur Diskussion stellen. Der Blick von außen, gerade auch durch nicht intensiv mit dem Thema befasste Personen, kann wertvolle Impulse für Unverständliches, nicht Logisches oder Lückenhaftes liefern.

Für die Präsentation von Ergebnissen im Plenum ist wesentlich, dass forschend-entdeckendes Lernen oft arbeitsteilig geschieht. Im Ab- und Vergleich und dem Versuch, die Ergebnisse zu einem Gesamtbild zusammenzufügen, ergibt sich häufig neuer Informationsbedarf. An diesem Punkt nämlich setzt in der Zusammenschau die Hypothesenprüfung ein. Dabei gilt es, ursprüngliche – auch naive und durch unterschiedliches Vorwissen geprägte – Vorannahmen explizit zu thematisieren und zu beurteilen. Das sollte nicht geschehen, indem diese abqualifiziert werden. Viel wichtiger ist es, dass diese Geschichtsbilder mit ihren Vorteilen (Ausgangspunkt des forschend-entdeckenden Lernens) und Herausforderungen (notwendige Revisionen und Kompromisse) verdeutlicht werden (Demantowski/Waldis 2014, 111).

Möchte man einen unverbindlichen Fragenkatalog zur Grundlage einer solchen Besprechung heranziehen, so könnte dieser die im Fragenkatalog genannten Aspekte beinhalten.

Das Feedback von Dritten ist konstitutiv für forschend-entdeckendes Lernen. Spezialwissen und Einzelbefunde werden so auf den gemeinsamen thematischen Ausgangspunkt aller zurückgeführt und dort integriert. Die Bündelung ermöglicht dabei einen wechselseitigen Erkenntniszuwachs, der häufig produktiv für die eigene Weiterarbeit und für die Zusammenfassung der Erkenntnisse einzelner Bearbeiter zu einem Gesamtergebnis genutzt werden kann (Knoch 1991, 526f.).

In der Diskussion können aber auch Probleme der Arbeit thematisiert werden, nicht nur arbeitstechnischer Natur, sondern auch hinsichtlich der Problemlösung. Dies kann bis zu einer bestimmten Stufe der Abstraktion durchgeführt werden. Die höchste Form ist erreicht, wenn Schülerinnen und Schüler Meta-Konzepte historischen Denkens durchdringen. Das wird selten der Fall sein.

FRAGEN-KATALOG „Ergebnisse darstellen"

- Wie sind die Präsentierenden zu ihrem Thema/ihrer Problemstellung und ihren Ergebnissen gekommen?
- Wie lautet die Hypothese bezüglich der Fragestellung?
- Welcher Zeitraum, welcher Ort, welche Personen stehen im Fokus des Lernprozesses?
- Welches Ziel/Welche Ziele verfolgt die Arbeitsgruppe/der Lernende?
- Welche Quellen hat die Arbeitsgruppe/die Schülerin/der Schüler für die Bearbeitung der Problemstellung ausgewählt?
- Mit welchen Methoden werden die gewählten Quellen bearbeitet?
- Welche Fachliteratur nutzt die Arbeitsgruppe/die Schülerin/der Schüler für die Arbeit?
- Welche Einordnung in einen größeren historischen Zusammenhang nimmt die Arbeitsgruppe/die Schülerin/der Schüler vor?
- Welche Einschränkungen oder Probleme des Lernprozesses gab/gibt es?
- Ist in der Präsentation ein roter Faden erkennbar? Ist das Geschilderte nachvollziehbar?
- Sind die Ergebnisse sachlich richtig?
- Entsprechen die Ergebnisse anderen Teilerkenntnissen oder verhalten sie sich widersprüchlich zu diesen? Bleiben offene Fragen?
- Ist in der Präsentation die eigene Leistung der Arbeitsgruppe/der Schülerin/des Schülers zu erkennen?

Doch nach Jannet van Drie und Carla van Boxtel sind auch schon mit dem Stellen historischer Fragen, mit der Kontextualisierung sowie mit der quellengestützten und argumentativen Verhandlung solcher Fragen, mit der Nutzung von fachspezifischen Begriffen (inhaltlicher und methodischer Natur) und mit Meta-Annahmen (beispielsweise über Kausalität und Historizität) bestimmte Kompetenzniveaus forschend-entdeckenden Lernens erreicht (Van Drie/Van Boxtel 2008, 89 und Kuhn u.a. 2000). Insgesamt wird durch die Arbeit vorhandenes Wissen in einem strategischen, fachspezifischen Prozess modifiziert (Forkel 2009, 79).

Schülcrinnen und Schüler entwickeln also – egal ob einzeln oder in der Gruppe tätig – aus den Quellen und Darstellungen zunächst ein Sach- und später auch ein Werturteil. Sie arbeiten verwertend-integrativ (Hug 1991, 195).

6.6 Neue Erkenntnisse präsentieren

„Häufig leidet man daran,
dass man zwar Arbeit hat,
aber keine Aufgabe."

(Helmut Walters)

Historische Problemstellungen zu lösen ist für den Bearbeitenden spannend und kann – gerade wenn es aus eigenem Antrieb forschend-entdeckend geschieht – sehr befriedigend sein. Häufig aber entsteht eine große Motivation auch aus der Möglichkeit, das neu gewonnene Wissen, die diesem Wissen zugrundeliegenden Quellen und die eigene Meinung (mithin das entstandene Geschichtsbild) anderen Menschen zu präsentieren.

Darum gehören zum forschend-entdeckenden Lernen die Dokumentation und Präsentation dazu. Beide sind zwar an sich nicht forschend-entdeckend, sondern kreativ ausgerichtet, zeigen den Schülerinnen und Schülern aber den Sinn des Erzählens von und über Vergangenheit.

Ob es sich dabei um ein Nach- oder Umerzählen bzw. ein rezensierendes Erzählen oder sogar originäres Erzählen handelt, hängt von der selbstgewählten Fragestellung und den Kompetenzen im Forschen und Entdecken ab. Alle Formen beinhalten eine zumindest für den Lernenden neue Entdeckung.

Erzählen ist im Übrigen hier in einem weiten Sinne gemeint und beinhaltet vielfältige Formen der Darstellung.

Formen der Darstellung

- Ausstellung mit Begleitzetteln/Audioguides/Rundgangskonzeption
- Video/Film
- Leporello/Broschüre/Katalog/Buch/Fotoband
- wissenschaftliche Arbeit/Facharbeit/Portfolio/Arbeitsbericht
- Spiel/Quiz
- Nachbau historischer Objekte/Diorama/Modell
- Audiomaterial (Hörspiel, Reportage u.a.)
- Collage/Comic/Fotoroman/Karikatur(en)/Plakat/Geschichtskarte
- Denkmal
- fiktive historische Dokumente (historische Zeitung, Tagebuch, Debatte, Verhandlung, Interview, Briefwechsel, Werbung)
- Internetseite/TwHistory/Facebook
- Lesung/Musical/Theaterstück
- Zeitstrahl/Zeitleiste/Kalender
- Webquest/Arbeitsblätter
- Zeitzeugeninterview im Transkript

Es gilt die bereits in der Planungsphase vereinbarte Form der Bezugnahme sowohl auf das historische Problem als auch auf die gegenwärtige Gesellschaft und ggf. auf andere historische Fragen und Probleme umzusetzen. Unter Umständen erfordern die Ergebnisse aber auch eine Revision der Präsentationsform. In jedem Fall ist es bedeutsam, die Relevanz des Historischen in einem für Außenstehende nachvollziehbaren Erzählmuster – einer Narration – aufzuzeigen. Und auch persönliche Motive für die Beschäftigung mit dem Thema haben hier noch einmal Platz.

CHECK-LISTE „Neue Erkenntnisse präsentieren"

- ☐ Passung von Darstellungsform und Inhalt
- ☐ Angemessenheit der Darstellungsform
- ☐ bei textlicher Präsentation: Gliederung und durchgegliederter Text (Absätze)
- ☐ logische Abfolge der Erkenntnisse
- ☐ Herstellen von Zusammenhängen und Bezügen
- ☐ lückenlose, nachvollziehbare Belege/Zitate in nicht zu großer Zahl
- ☐ zentrale Stellung von historischen Quellen
- ☐ offene Diskussion von Widersprüchen und Problemen
- ☐ motivierende(r) Einleitung/Einstieg

6.7 Den Lernprozess reflektieren

„Wer A sagt, der muss nicht B sagen.
Er kann auch erkennen, dass A falsch war."

(Bertolt Brecht)

Auch wenn die Reflexion nicht mehr im engeren Sinne zum Prozess des forschend-entdeckenden Lernens gehört, ist sie trotzdem ein lohnenswerter Bestandteil. Durch sie wird es möglich, das Besondere des Zugangs bewusst zu machen.

Eine Reflexion über das Vorgehen und die Erkenntnisse sollte in zweierlei Hinsicht erfolgen. Erstens in der Selbstreflexion: Dabei geht es darum zu erkennen, dass die Ergebnisse zu den Fragen an die Vergangenheit von eben jener Person abhängen, die etwas erforscht (Standortgebundenheit). Außerdem ist es sinnvoll, sowohl die selbst gewählte als auch die durch Überlieferungsaspekte eingeschränkte Quellenbasis zu thematisieren (Selektivität). Schließlich sollen die Schülerinnen und Schüler erkennen, dass Vergangenheit eine aktuelle Bedeutung für sie selbst (und für andere) hat (Gegenwartsbezug). Zweitens geht es – sofern zutreffend – bei der Reflexion um Einschätzungen zur kooperativen Arbeit in der Gruppe. Dabei sollte klarwerden, wie verschiedene Gruppen mit unterschiedlichen Ergebnissen (ggf. sogar bei gleicher Materialbasis) zur Gesamterkenntnis beitragen. Es geht also um unterschiedliche Interessen, Fragen, Schwerpunktsetzungen und Vorprägungen, die auf den Lernprozess Einfluss nehmen (Loos/Schreiber 2004, 730).

FRAGEN-KATALOG „Reflexion"

inhaltlich:

- ☐ Konnten wir unsere Forschungsfrage beantworten?
- ☐ Welche Quellen und Darstellungen haben wir dazu benutzt? Welche nicht? Warum?
- ☐ Haben sich unterschiedliche Ergebnisse zur gemeinsamen Problemstellung ergeben? Falls ja, warum?
- ☐ Welche Bedeutung hat unsere Entdeckung für uns selbst?

methodisch:

- ☐ Wie sind wir vorgegangen?
- ☐ War unser Vorgehen richtig gewählt?
- ☐ Falls wir (teilweise) gescheitert sind: Wie müssen wir die Strategie/die Methode/die Fragestellung/die Hypothesen verändern, um beim nächsten Mal ans Ziel zu kommen?

kooperativ:

- ☐ Welche Herausforderungen in der Zusammenarbeit hat es gegeben?

6.8 Vorschläge zur Unterstützung

„Der Lehrer hat die Aufgabe, eine Wandergruppe mit Spitzensportlern und Behinderten bei Nebel durch unwegsames Gelände in nordsüdlicher Richtung zu führen, und zwar so, dass alle bei bester Laune und möglichst gleichzeitig an drei verschiedenen Zielorten ankommen."

(Wolf Müller-Limmroth)

Forschend-entdeckende Lernprozesse lassen sich – in Abhängigkeit vom verfügbaren Zeitbudget, vom Erkenntnisinteresse und von den methodischen Fähigkeiten der Schülerinnen und Schüler – unterstützen. Dies kann in vielfältiger Form geschehen, vermag aber nicht jegliche Herausforderungen des forschend-entdeckenden Lernens zu meistern.

Fragestellung reduzieren

Vielen Schülerinnen und Schülern fällt die Entwicklung einer tragfähigen Frage- und Problemstellung schwer. Natürlich ist es möglich, sie gänzlich vorzugeben. Dies widerspricht jedoch dem eigentlichen Grundsatz forschend-entdeckenden Lernens. Deshalb erscheint eine Begleitung sinnvoller. Josef Memminger umreißt den Vorteil dieses Zugangs mit den Worten: „Anregungen werden vorgegeben, sie müssen nicht aus einem ‚genialisch zündendem Funken' erwachsen" (Memminger 2007, 284). – Anregungen, nicht fertig vorbereitete Leitlinien. Diese Anregungen aber sollten von Interessen der Lernenden ausgehen und versuchen, aus zunächst ungeordneten und vagen Fragen Problemstellungen zu entwickeln. Das gelingt beispielsweise durch einen bewussten Rückblick auf frühere erfolgreiche Lernprozesse mit dem Schwerpunkt: Welche Fragen haben, welches Vorgehen hat damals zum Gelingen geführt?

Sachbibliothek bereitstellen

Gerade bei forschend-entdeckenden Lernprozessen außerhalb von Städten, in jüngeren Jahrgangsstufen und bei geringer Ausstattung der Schulbibliothek lohnt sich die Einrichtung einer temporären Sachbibliothek mit wichtiger altersangemessener Sach- und Fachliteratur sowie zusätzlichen (auch methodischen) Materialien zum Thema. Hierbei kann entweder ein Teil des Rechercheprozesses durch den Lehrenden vorweggenommen werden, wenn die Bibliothek im fertigen Zustand zur Verfügung gestellt wird, oder aber die Lehrkraft nimmt die Rechercheleistung der Schülerinnen und Schüler zum Ausgangspunkt der von ihr zu bestückenden Sachbibliothek.

Quellensammlung zusammenstellen

Häufig stellt die Sammlung von Quellen eine große Herausforderung dar – sei es inhaltlicher, formaler oder auch organisatorischer Art. Quellen liegen nicht immer vor Ort, teilweise in schwer zugänglichen Institutionen, in fremder Sprache, nicht entzifferbarer Form oder schwer verständlichem Duktus und Wortschatz vor. Um diese Hürden zu überwinden bzw. Fremdheitserfahrungen auf ein zu bewältigendes Maß zu begrenzen, kann eine – möglichst vielfältige, die Lernenden wenig begrenzende – Quellensammlung mit gegebenenfalls vorhandenen Transkriptionen, Übersetzungen, Schriftproben und ähnlichen Hilfsmitteln angeboten werden.

Exkursion anbieten

Eine Realbegegnung mit historischen Objekten, aber auch die räumliche Verortung des Geschehenen sowie der Zugang zu Rechercheorten (Kapitel 5) in einer historischen Exkursion erhöht die Anschaulichkeit, hat (möglichst) eigenen Quellenwert und stellt einen abwechslungsreichen Zugang zum Thema dar. Dabei ist aber die Wahrnehmung nicht nur auf eine Illustration des Themas und die Motivation durch die Methode begrenzt. Ergebnisse einer Exkursion können sich vielmehr darüber hinaus dokumentierend und integrierend, verifizierend oder korrigierend auswirken (Vorländer 1986, 128).

Fachübergreifendes Lernen ermöglichen

Forschend-entdeckende Lernprozesse stoßen häufig an fachliche Grenzen. Forschungsfragen halten sich selten an willkürliche Disziplinabgrenzungen. Daher sollte das Bewusstsein für die vielschichtigen Angebote unterschiedlicher Fächer bezüglich einer Problemstellung gestärkt werden. Das kann durch fächerübergreifendes Arbeiten gelingen, das koordinierend oder integrativ angelegt sein kann.

Wettbewerbe nutzen

Im Kapitel 5.4 wurden bereits die auf europäischer, deutscher und regionaler Ebene stattfindenden Geschichtswettbewerbe vorgestellt. Sie bieten durch ihren thematischen Rahmen, durch die in der Wettbewerbsausschreibung genannten detaillierten Vorgaben bezüglich des Vorgehens und der Dokumentation des Lernprozesses und der Präsentation der historischen Erkenntnisse sowie durch den Wettbewerbscharakter an sich eine Motivation und Unterstützung in der Bewältigung der historischen Fragestellung.

Lernort öffnen

Insbesondere forschend-entdeckendes Lernen ist häufig nicht auf einzelne Unterrichtsstunden oder den Unterricht überhaupt begrenzt. Im Gegenteil: Es stellt öfter eine Brücke zwischen schulischem und außerschulischem Lernen dar. Dies nicht nur hinzunehmen, sondern die Öffnung des Lernorts bewusst zu befördern, hat ein großes Potenzial. Schülerinnen und Schüler können so – zumindest partiell – dort lernen, wo sie es für den Erkenntnisprozess am förderlichsten halten. Eine andere Umgebung sorgt für neue Begegnungen, Perspektiven und Arbeitsformen und belebt dadurch das entdeckende Moment.

Guided discovery/Guided inquiry learning erwägen

Im Gegensatz zum Idealmodell des forschend-entdeckenden Lernens, das einen von der Lehrkraft ungelenkten und nur bei

Bedarf und auf Anfrage unterstützten Prozess meint, gibt es zahlreiche angeleitete Formen. Sie enthalten einzelne Elemente des forschend-entdeckenden Organisationsprinzips, entlasten Lernende aber in bestimmten Aspekten. Entscheidend ist dabei, trotzdem kein vorgefertigtes Ziel festzulegen oder zu erwarten, Schülerinnen und Schüler sollten die Interpretation eines bestimmten historischen Aspekts lediglich bestätigen/beweisen.

Während der englische Terminus des guided discovery/inquiry learnings übergreifend auf die Lehrerrolle/den Anleitungsfokus verweist, verbergen sich solche Ansätze in der deutschen Geschichtsdidaktik und -methodik hinter vielfältigen Begriffen wie beispielsweise dem Stationenlernen, dem Lernzirkel oder der Wochenplan- sowie anderen Formen der Freiarbeit.

Gemeinsam ist diesen Formen die partielle Vorstrukturierung des Lernprozesses, beispielsweise durch vorgegebene Arbeitsabläufe, Methoden und Sozialformen oder Materialien. Heather Banchi und Randy Bell, die sich intensiv mit den unterschiedlichen Leveln des forschenden Lernens auseinandergesetzt haben, verweisen darauf, dass das Maß selbstgesteuerten Lernens schrittweise erhöht werden kann, da Schülerinnen und Schüler diese Fähigkeit erst nach und nach entwickeln (Banchi/Bell 2008). Dieser Erkenntnis entsprechen auch die Graduierungen von Kompetenzen, die gleichzeitig Grundlage und Ziel eines forschend-entdeckenden Lernprozesses sind (Schreiber 2006, 35 ff.).

Umsetzbar ist guided inquiry beispielsweise mit dem – theoretisch noch unscharf verwendeten – Scaffolding, einer „Gerüst"-Technik. Sie beruht auf den Erkenntnissen des russischen Psychologen Lew Wygotski, der von einer Zone der proximalen Entwicklung spricht. Diese Zone ist der Bereich zwischen dem derzeitigen Entwicklungsstand einer Schülerin/eines Schülers und jenem, den sie/er mit Hilfe einer kompetenten Begleitperson erreichen könnte. Um diesen Bereich zu durchschreiten werden den Schülerinnen und Schülern Materialien, Anleitungen, Hilfsmittel und Ähnliches zur Verfügung gestellt. Sobald sie in der Lage sind, sich im forschend-entdeckenden Lernprozess eigenständig weiterzubewegen, werden die „Gerüste“ abgebaut. So entsteht idealerweise eine anregende, aber nicht überfordernde Lernumgebung, die zum historischen Lernen beiträgt, wie empirische Studien – zu naturwissenschaftlichen Fächern – nahelegen (Kuhn/Pease 2008).

Fachspezifische Methoden einüben

Forschend-entdeckende Lernprozesse geraten häufiger ins Stocken oder scheitern gar, weil eine methodische Überforderung von Schülerinnen und Schülern stattfindet. Oft werden nämlich Methoden nicht intensiv trainiert, sondern mehr oder minder vorausgesetzt bzw. als nebenbei zu Erlernendes gesehen. Dabei ist es erwiesen, dass sowohl explizite instrumentelle als auch kategoriale Vermittlungsprozesse und Einsichten wesentlich für ein erfolgreiches Lernen sind. Die Lehrkraft kann durch unterschiedliche Ansätze zum Einüben benötigter Methoden beitragen. Dazu zählen beispielsweise das – nicht auf diesen Lernprozess begrenzte – stetige historische Methodentraining zur Quellenarbeit, das Nachahmungslernen (gerade auch in unvertrauten Rechercheinstitutionen) sowie die Kooperation mit Expertinnen und Experten, die nicht nur fachliche, sondern auch methodische Außenblicke ermöglichen.

6.9 Umgang mit Schwierigkeiten

„Erst wenn man stolpert,
achtet man auf den Weg.“

(Redensart)

Im forschend-entdeckenden Lernen gibt es viele unberechenbare Momente. Sie sind für die Organisationsform konstitutiv und gehören zum Lernprozess der Schülerinnen und Schüler unbedingt dazu. Einige aber stellen aus schulischer Sicht Herausforderungen dar. Dies können beispielsweise die folgenden Aspekte sein.

Mit unberücksichtigten Themenaspekten umgehen

Komplexe historische Problemstellungen gliedern sich – darauf nimmt zentral die Arbeitsplanung im Kapitel 6.2 Bezug – in verschiedene parallele thematische Aspekte, Zugänge, Methoden und unterschiedliche aufeinanderfolgende Arbeitsschritte. Selbst wenn im Planungsprozess alle diese Teilaufgaben als solche erkannt werden, gibt es erfahrungsgemäß Themen und Aufgaben, die viele Lernende ansprechen, und aber auch solche, die wenig begehrt sind oder gar als vernachlässigbar gesehen werden. Nicht immer deckt sich die Einschätzung der Schülerinnen und Schüler dahingehend mit dem, was Lehrkräften fachlich geboten erscheint. Erstens besteht die Möglichkeit, den forschend-entdeckenden Lernprozess als Gesamtaufgabe zu präsentieren, innerhalb derer gemeinsam auch unbeliebte Arbeitsschritte bewältigt werden müssen. Zweitens kann möglicherweise auf Aspekte verzichtet und darauf gewartet werden, ob diese in einem Feedback (intern oder extern) tatsächlich als Lücke empfunden werden. Drittens ist es möglich, als Lehrkraft eigenständig Teile zum Prozess beizusteuern oder diese aus dem selbstgesteuerten forschend-entdeckenden Lernen herauszulösen und in anderer Form durch die Schülerinnen und Schüler leisten zu lassen.

Einzelgänger auffangen

In vielen Lerngruppen gibt es einzelne Schülerinnen oder Schüler, die – aus verschiedenen Gründen – nicht gut in die Gruppe integriert sind. Während man einerseits darauf hinwirken kann, eine gemeinsame Arbeitsbasis abseits persönlicher Präferenzen herzustellen, ist es andererseits auch möglich Einzelgängern Aufgaben zu übertragen, die dem Wunsch nach Einzelarbeit entgegenkommen.

Hindernisse erkennen und meistern

Forschend-entdeckendes Lernen ist dadurch gekennzeichnet, dass in ihm Hindernisse oder Sackgassen nicht von vornherein vermieden werden sollen, sondern bewusst Irrwege und Grenzen des Prozesses aufgezeigt werden. Es bedarf einer guten Begleitung, um die Potenziale des Scheiterns aufzuzeigen und zu verdeutlichen, wie Schwierigkeiten dabei helfen können, am Ende zu besseren Ergebnissen zu gelangen. Wichtig ist, dass ein solches Scheitern nicht global sein darf, sondern sich maximal auf Teilaspekte beziehen sollte. Für die Bewältigung dieser sollten im Idealfall Alternativen vorhanden sein.

Den Aha-Effekt sichtbar machen

Häufig gelingt es in forschend-entdeckenden Lernprozessen nur bereits vorhandene Erkenntnisse der historischen Forschung nachzuvollziehen. Möglicherweise ist dies an einem historisch noch nicht intensiv behandelten Fallbeispiel erfolgreich, jedoch zumeist ohne wesentliche Auswirkungen auf das allge-

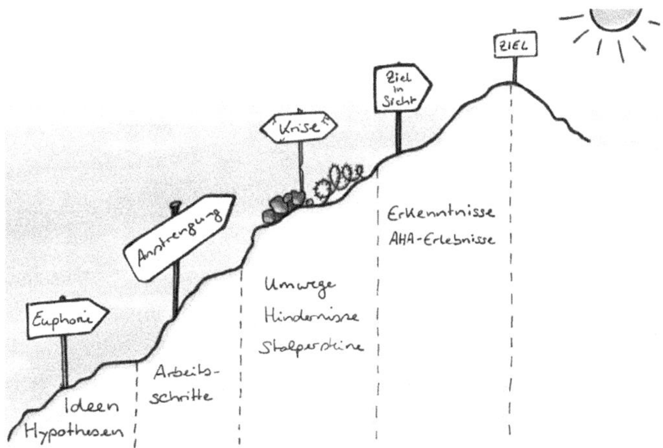

Abb. 6: Forschend-entdeckendes Lernen – wie eine Bergwanderung (Illustration von Dr. Julia Batzilla)

meine Geschichtsbild. Schülerinnen und Schüler empfinden dies überwiegend aber nicht als Defizit und sollten in dieser Haltung unbedingt bestärkt werden. Entscheidend ist für den (De- und) Rekonstruktionsprozess beim forschend-entdeckenden Lernen nämlich die im eigenständigen Vollziehen des Forschungsprozesses liegende Erkenntnis, dass und wie Geschichtsbilder zustande kommen. Der Weg ist das Ziel – und auf diesen Weg können Lernende stolz sein. Das Bild der Bergwanderung mit Höhen und Tiefen kann diese Leistung veranschaulichen.

7. Herausforderungen

7.1 Eignung

„Entdeckung, wie auch Überraschung, fallen eher dem wohlvorbereiteten Verstand zu."

(Dieter Lenzen)

Zum forschend-entdeckenden Lernen gehören unbedingt die Erwartung, etwas entdecken zu können, und das Selbstbewusstsein, Strategien des Entdeckens nicht nur zu kennen, sondern sich auch zuzutrauen.

Manche Schülerinnen und Schüler, die in der Schule weniger erfolgreich sind, haben bereits so viele Misserfolge erlebt und sooft „Das verstehe ich nicht" gesagt oder gedacht, dass sie sich eines Problems nicht annehmen, sondern ihm lieber aus dem Weg gehen. Hinzu kommt, dass es sich manchmal gerade bei diesen Lernenden um jene handelt, die sprachlich am ungeübtesten sind. Wenn sie nun mit einem forschend-entdeckenden Organisationsprinzip konfrontiert werden, fühlen sie sich oft überfordert (Vorländer 1986, 126; Foster 1993, 129). Dies ist entsprechend auch ein wichtiger Befund für die inklusive Schulpraxis.

Wichtig ist deshalb, diese Schülerinnen und Schüler besonders zu fördern – durch eine kleinschrittigere Anleitung im Prozess des Forschens und Entdeckens gemäß dem gelenkt-entdeckenden Lernen, durch das Training einzelner Elemente des forschend-entdeckenden Lernens und durch Ermutigung und Lob beim Tun. Das Ziel sollte es sein, nicht auf der relativ leicht zu erreichenden Ebene unmittelbarer Eindrücke und dem Nacherzählen des Gewesenen zu verbleiben (Foster 1993, 128; Ackermann 1999, 460).

Die Problematik der Überforderung leistungsschwächerer Schülerinnen und Schüler zeigt sich auch beim Geschichtswettbewerb des Bundespräsidenten. Er zieht vor allem besonders begabte Lerner an. Und die – so hat John Foster 1993 untersucht – profitieren von den offenen Situationen des entdeckenden

Lernens. Andere Lernende erfahren Schwierigkeiten mit der Selbstorganisation und lernen dort schlechter als in gesteuerten Angeboten (Foster 1993, 71 ff.).

Eine Möglichkeit kann das „Hochheben" auf ein neues Niveau des Verstehens auch durch kollaboratives Arbeiten sein. Viele forschend-entdeckende Lernprozesse sind vor allem dann erfolgreich, wenn sie in nichtdifferenzierten Gruppen durchgeführt werden.

Dass sich forschend-entdeckendes Lernen im Grundsatz – also mit den nötigen, aber auch nicht mehr als diesen Hilfestellungen – für alle Schülerinnen und Schüler eignet, erkennt man daran, dass dieses Organisationsprinzip vor allem im Grundschulbereich eingesetzt wird. Das ist dort, wo die Fähigkeiten der Kinder allein von der persönlichen Entwicklung und Reife im Durchschnitt am geringsten ausgeprägt sind und wo innerhalb einer Lernergruppe die größten Differenzen anzutreffen sind. Aber man nähert sich hier dem Lernen so, wie es den Kindern aus dem außerschulischen Alltag bekannt ist. Dabei gilt es allerdings bestimmte Dinge zu beachten, damit forschend-entdeckendes Lernen im Primarbereich gelingt. Maria-Anna Bäuml-Roßnagl schlug schon 1974 unter anderem folgende vor: Mut zur Lücke in der Stoffauswahl, Problemformulierung durch die Lernenden, Nutzung der Neugier als wesentliche Komponente des Weltbezugs, Pflege eines kooperativen Unterrichtsstils, Ermöglichen von Individualisierung (Bäuml-Roßnagl 1974, 137 f.).

Empirische Studien haben zudem ergeben, dass das Geschlecht Einfluss auf die Wahrnehmung und Bewertung forschend-entdeckender Lernprozesse hat. So wiesen kanadische Wissenschaftler in einer qualitativen Studie nach, dass sich Jungen während des Lernens sicherer fühlten, wohingegen Mädchen nach Abschluss des Prozesses zufriedener und sicherer waren (Lamoureux u.a. 2013). Sie stützten sich dabei auch auf frühere Erkenntnisse, die genderspezifische Faktoren ausmachten, beispielsweise dass Mädchen mehr zusammenarbeiteten, sich mit Dritten über den Lernprozess austauschten und weniger Selbstvertrauen hatten oder dass Jungen ihren Schwerpunkt auf die Informationsgewinnung und den Abschluss des Prozesses legten (Burdick 1996). Diese Erkenntnisse können genutzt werden, um einerseits möglicherweise in gemischten Lernteams Herangehensweisen und Überzeugungen zu verbinden oder andererseits, um homogenen Lernteams zielgerichtete Unterstützung anzubieten.

Abschließend muss berücksichtigt werden, was generell für das forschend-entdeckende Lernen im schulischen Umfeld gilt: Es muss eine Erfolgsgarantie geben. Damit ist nicht gemeint, dass das Ergebnis bereits feststeht. Hindernisse, Umwege, Sackgassen, Fehler – all das darf und soll beim Entdecken vorkommen. Doch es muss gesichert sein, dass es zur Fragestellung mit den Mitteln und Möglichkeiten der Schülerinnen und Schüler überhaupt etwas zu entdecken gibt.

7.2 Aufwand-Nutzen-Relation

„Jedermann gern lernen wollt',
wenn es nur nichts kosten sollt'."

(Johann Nepomuk Vogl)

Es war schon immer so, dass unterrichtliches Handeln einem Rechtfertigungszwang unterlag. Dies wird durch die zahlreichen Bildungsoptionen der Gegenwart verstärkt. Die zentrale Frage ist: Lohnt sich der hohe Aufwand forschend-entdeckenden Lernens überhaupt? Mutig behauptet: Ja, sicher. Aber das gilt, wie immer, nicht absolut. Geschichtsunterricht nur forschend-entdeckend zu gestalten kann nicht das Ziel sein. Aber Schülerinnen und Schüler sollten diesen Zugang kennenlernen. Er macht sie mit viel mehr vertraut als mit historischen Fakten, also trägem Wissen, das bald vergessen ist. Im Forschen und Entdecken erleben Lernende, wie Menschen sich ein reflektiertes Bild von der Vergangenheit und der Geschichtsschreibung machen. Auch so wird angebahnt, dass sie zu „mündigen Geschichtsverbrauchern" werden (Sauer 2012a, 89).

Forschend-entdeckendes Lernen beansprucht verschiedene Ressourcen: Zeit, Personal, Organisation und Finanzen.

Der zeitliche Aufwand ist – für denselben inhaltlichen Output – deutlich höher als bei anderen Zugängen. Das kritisierten beispielsweise schon Ausubel und seine Kollegen (Ausubel u.a. 1968, 44). Nicht eingerechnet sind in dieser Kritik allerdings die vielfältigen persönlichen und methodischen Erfahrungen und Kompetenzzuwächse. Sicher ist: Entdecken braucht Zeit – über das übliche Zeitbudget bei anderen, gebundenen Formen des historischen Lernens hinaus. Zeit für die Ideenfindung, Zeit Fragen zu stellen, Zeit für Umwege und Fehler, Zeit für den Austausch.

Eine Lösung für das Zeitproblem liegt erstens in der Möglichkeit, nur einzelne Arbeitsschritte forschend-entdeckend durchzuführen beziehungsweise „zeitraubende und motivationshemmende Irrwege und Fehlschläge“ (Filser 1973, 432) zu reduzieren, zweitens in der Verlagerung forschend-entdeckenden Lernens in spezielle Phasen des Geschichtsunterrichts (Projektwoche o.Ä.) und drittens im exemplarischen Lernen.

Der personelle Aufwand liegt sicher zum größten Teil bei der unterrichtenden Lehrkraft. Eventuell ist es möglich, Kolleginnen oder Kollegen im Rahmen eines fächerverbindenden oder -übergreifenden Unterrichts für das forschend-entdeckende Lernen zu gewinnen. Außerdem scheint es ratsam, sich weitere schulische und außerschulische Lernpartner zu suchen.

Die manchmal für die Themen forschend-entdeckenden Lernens schwierige Quellenlage und geringe Literaturbasis lässt sich eventuell durch Nutzung mündlicher Überlieferung (Zeitzeugen und Experten) auffangen. Archivare bieten zudem häufiger an, schlecht lesbares und/oder verständliches Quellenmaterial zusammen mit den Schülerinnen und Schülern zu nutzen.

Finanzielle Herausforderungen lassen sich zumeist im Rahmen der Schulgemeinschaft lösen, wenn nur forschend-entdeckendes Lernen als eigenständiger Zugang „gehegt“ wird. Manchmal ist es aber auch möglich, andere Institutionen zu einem Engagement zu bewegen, beispielsweise wenn lokalhistorische Forschungen auch die Gemeinde/Stadt betreffen.

7.3 Mangelnde Selbstständigkeit der Schülerinnen und Schüler

„Wenn man uns lässt,
machen wir gute Sachen."

(Gregor, Schüler der
Wilhelm-Leuschner-Schule Mainz)

Lernen ist immer mit Eigenständigkeit verbunden. Doch forschend-entdeckendes Lernen erhebt das Selber-Tun zum Prinzip, es fordert die Autonomie der Schülerin/des Schülers (Filser 1973, 432; Sauer 2012a, 136). Der Wunsch ist es, mit forschend-entdeckendem Lernen Selbstverantwortung und Selbstreflexivität zu fördern. Das soll durch die Organisation und Planung, die Durchführung und Präsentation erfolgen, aber auch durch den kritischen Rückblick auf die eigene Arbeit.

Indem Lernende dies vollziehen, erleben sie Unsicherheiten, Verunsicherungen und Ungewissheiten. Ute Zocher weist darauf hin, dass dabei „vielschichtige biographische Lernerfahrungen virulent" werden (Zocher, 2000a, 19). Zu diesen Erfahrungen gehört auch jene, dass in der Schule forschend-entdeckendes Lernen ein kaum genutzter Weg ist und dass das „Aufreißen, Herumwühlen und Suchen" (Schmassmann u.a. 1997, zitiert bei Entdeckendes Lernen e.V.) als ein weitgehend unangemessener Zugang gilt. Außerdem trägt die aktuelle Fehlerkultur – dazu mehr im Kapitel 7.5 – nicht dazu bei, Schülerinnen und Schüler zur Selbstständigkeit mit allen damit verbundenen Risiken zu ermutigen.

Es geht also erstens darum, Irritation und Ratlosigkeit, Zeit für das Nachdenken und selbstständige, eigenverantwortliche „Gehversuche" beim historischen Denken und Lernen positiv zu definieren. Zweitens muss man den Lernenden vermitteln, dass man sie beim Entdeckungslernen nicht allein lässt – also nicht nach dem Motto: unaufwändige Unterrichtsstunden durch Schülerselbsttätigkeit. Und drittens geht es darum, als Lehrkraft nicht nur den Unterricht zu öffnen, sondern auch selbst Offenheit für die Fähigkeiten der Schülerinnen und Schüler auszustrahlen (Jacobs/Schulz-Hageleit 1983, 69).

In solch einem Klima wird es in jeder Gruppe Schülerinnen und Schüler wie Gregor – der das Motto beigesteuert hat – geben, die die gewährten Freiheiten aufnehmen und ausnutzen. Viele andere werden sich mitreißen lassen und haben gute Chancen, eigene Lernwege und -interessen zu finden. Und manche werden keinen Gefallen an der vermeintlichen Führungslosigkeit finden. Eine bunte Mischung also, die sich bei allen Organisationsprinzipien historischen Lernens findet.

7.4 Mangelnde methodische Vorkenntnisse der Schülerinnen und Schüler

„Indem sich das Denken den Dingen anpasst,
strukturiert es sich selbst,
und indem es sich selbst strukturiert,
strukturiert es auch die Dinge."

(Jean Piaget)

Bodo von Borries beschreibt folgendes Ziel des forschend-entdeckenden Lernens (im Projekt): „Es soll nicht einfach ein vorgefertigtes Erkenntnis-Produkt übernommen, eingeprägt und abgespeichert, sondern ein Erkenntnisprozess durchgemacht (oder wenigstens nachvollzogen) werden." (Borries 1997, 249) Diese Forderung ist sicher eine Herausforderung. Den Schülerinnen und Schülern fehlt dafür – mindestens auf den ersten Blick – Vieles. Vor-, Erkenntnis- und Kontextwissen sind oftmals gering. Lernende beschreiben dann manchmal, dass sie keinen Ansatzpunkt finden, mit den Quellen und Darstellungen nicht zurechtkommen oder die gefundenen Informationen nicht verknüpfen können. Das mag ein verbreiteter Befund sein, der auch zur hin und wieder geäußerten Kritik führt, dass es sich

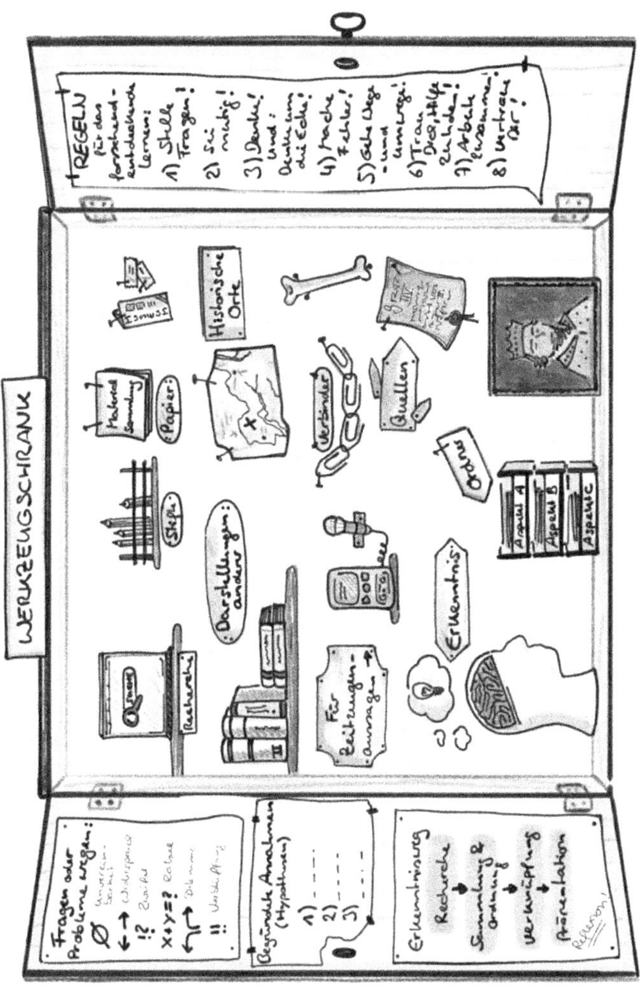

Abb. 7: Werkzeugschrank für das forschend-entdeckende Lernen (Illustration von Dr. Julia Batzilla)

hier um „Kümmerformen“ des Forschens handele (zitiert bei: Loos/Schreiber 2004, 724). Doch mit Jean Piagets Motto wird klar, dass selbst solche Defizite kein Hinderungsgrund sein müssen, sondern durch die Sache selbst und durch gezielte Unterstützung überwunden werden können.

Schülerinnen und Schüler stellen beispielsweise von sich aus manchmal „nur oberflächliche, punktuelle und faktenorientierte oder gar gänzlich abwegige Fragen“ (Henke-Bockschatz, 2004, 24). Durch gezieltes Nach- und Weiterfragen, aber auch durch ein kontinuierliches „Fragetraining“ lassen sich die Fertigkeiten im sinnvollen Fragen verbessern.

Oftmals wissen Schülerinnen und Schüler auch nicht, wie sie Fragen lösen können. Hier helfen Methodentrainings zum Recherchieren, zum Auswerten unterschiedlicher Quellenarten und zur Präsentation von Ergebnissen. Es braucht also einen ganzen Werkzeugschrank zum erfolgreichen forschend-entdeckenden Lernen, vergleichbar dem, den es seit den 1980er Jahren für die Sozialwissenschaften gibt (Lippitt abgebildet in: Ackermann 1999, 458).

Hinzu kommen kommunikative Probleme – auch kollaboratives Arbeiten braucht Übung – und arbeitsorganisatorische Schwierigkeiten, beispielsweise das Einhalten eines Zeit- und Arbeitsplans. Auch hier ist Unterstützung von der Lehrkraft gefordert, die möglicherweise die Planung begleitet, bestimmte Vorgaben macht und die Plenumsrunden anleitet.

Besonders herausfordernd ist, dass beim forschend-entdeckenden Lernen meist mehrere der genannten Problemlagen gemeinsam auftreten. Das kann schnell als Flut unüberwindlicher Hindernisse erscheinen. Der Lernende muss schließlich aus lückenhaften, manchmal sogar widersprüchlichen Quellen und Darstellungen in einer ungewohnten Arbeitsweise eine stimmige Geschichtserzählung machen – da hilft es beispielsweise in einem Projekttagebuch Aktivitäten, Erfahrungen, Probleme und Erfolge festzuhalten, um immer wieder sehen zu können, wie viel schon geleistet wurde.

FRAGEN-KATALOG „Entdecker-Tagebuch“

Jeder Eintrag könnte folgende Details enthalten:

- Von wann bis wann habe ich gearbeitet?
- Was war heute mein Thema?
- Welche Aufgaben habe ich heute zu meinem Thema erledigt?
- Mit wem habe ich heute zusammengearbeitet?
- Was hat mir an meiner Arbeit besonders gefallen?
- Welchen Teil meiner Arbeit habe ich nicht so gern gemacht?
- Welche Schwierigkeiten habe ich heute gehabt?
- Wie habe ich sie gelöst? Oder: Welche Lösungsideen habe ich dafür? Und/Oder: Wen könnte ich um Hilfe bitten?
- Was ist mir heute Besonderes gelungen?
- Was kann und/oder weiß ich heute nach meiner Arbeit, das ich davor noch nicht wusste/kannte?
- Gibt es sonst noch etwas, das ich aufschreiben möchte?

Es gibt eine Redewendung: „Erfolg hat drei Buchstaben: T-U-N“. Manches muss man eben im Ausprobieren lernen – und dabei Fehler machen dürfen.

7.5 Diagnostik, Beurteilung, Benotung

„Ich weiß nicht mehr, was ich im Einzelnen herausfand, aber […] für mein Engagement bekam ich sehr gute Zensuren.“

(Rocco Schamoni)

In den vorherigen Kapiteln wurde bereits betont, dass es beim forschend-entdeckenden Lernen nicht nur um das Was, sondern auch das Wie des Lernens geht. Weil dem so ist, wäre es unlogisch, in die Diagnostik, Beurteilung und Benotung von Entdeckungsleistungen lediglich die Ergebnisse einfließen zu lassen. Das würde im Übrigen auch die (vielleicht mühsam aufgebaute) neue Fehlerkultur ad absurdum führen, weil eben doch nur gälte, was „hinten rauskommt".

Randy Pausch beschreibt in seinem Buch „Last Lecture. Die Lehren meines Lebens", wie er seine Universitätskurse im Programmieren leitete: „Die Studenten meines Seminars [...] ermutigte ich, sich schwierige Dinge vorzunehmen und sich dabei nicht über Misserfolge den Kopf zu zerbrechen. Und weil ich solches Denken belohnen wollte, überreichte ich immer einem Team am Ende des Semesters ein Stofftier [...]. Es ging an das Team, das beim Ausprobieren neuer Ideen [...] die größten Risiken eingegangen war, aber die selbstgesetzten Ziele nicht erreicht hatte. Es war also ein Preis für einen ‚glorreichen Misserfolg', für unkonventionelles Denken [...]. Allmählich begannen die anderen Studenten zu begreifen, dass [das Stofftier, H.W.] immer an Verlierer ging, die definitiv auf dem besten Weg waren." (Pausch 2008, 173 f.) Die Studenten von Randy Pausch vollzogen auch forschend-entdeckende Lernprozesse, wenn sie versuchten virtuelle Welten zu programmieren. Und Pausch schrieb nicht, er wolle sie bewerten, sondern „belohnen". Das ist etwas, was im herkömmlichen Benotungssystem viel zu kurz kommt.

Belohnung kann intrinsisch entstehen – durch das gute Gefühl, etwas geschafft, in diesem Fall entdeckt zu haben. Sie kann extrinsisch angeboten werden – wenn deutlich wird, dass der Weg das tatsächlich bewertete Ziel ist. Dann geht es nur teilweise um das konkrete Ergebnis, sondern um das Engagement beim Erreichen dieses Ergebnisses und um das Vorgehen nach plausiblen, fachspezifischen Methoden. Um dies zu erreichen, muss die sachliche Bezugsnorm (Lehrplan, Sammlung von Teilergebnissen, Wissensstand zu einem Thema) durch eine individuelle Bezugsnorm (Fortschritte, Entwicklungen, persönliche Schwerpunkte) ergänzt oder sogar abgelöst werden (Bohl ^{4}2009, 65).

Wichtig ist es zudem, für Schülerinnen und Schüler deutlich erkennbar bewertungsfreie Probephasen zu schaffen. Beispielsweise bei ersten forschend-entdeckenden Übungen oder aber auch am Beginn eines forschend-entdeckenden Lernprozesses, wenn es um das Finden eines ersten Zugangs geht.

Um danach herauszufinden, wie das Engagement und Vorgehen einzuschätzen ist, bedarf es mehr als einer Ziffer, die den Leistungsstand zwischen 1 und 6 einstuft. John Foster hat dafür Aufzeichnungen über jeden Lernenden vorgeschlagen. Der Katalog dieser Diagnostik – und damit ist also mehr gemeint als Beurteilung – erfasst Schülerinnen und Schüler in ihrem Tun deutlich ganzheitlicher, als das sonst der Fall ist. Er legt die Orientierung durch Beobachten und Beschreiben auf das Fördern und nicht durch reines Bewerten auf das Selektieren.

Individueller Beobachtungsbogen für den forschend-entdeckenden Lernprozess

1. Angaben über das Kind: Alter, Geschlecht, Einschätzung zum Leistungsvermögens, Interessen, Probleme und andere relevante Informationen
2. Beschreibung der Ausgangssituation: Kenntnisse des Kindes auf dem jeweiligen Gebiet und mögliche Schwerpunkte des Vorgehens aus der Sicht des Lehrers (Halten Sie fest, ob die tatsächlichen Fortschritte des Kindes von Ihren Erwartungen abgewichen sind. Wörtliche Zitate, die kreatives Denken verraten, sind für die Gesamtbewertung nützlich.)
3. Diskussion des Leistungsniveaus: Wie wurde es erreicht? Weckte die eingehendere Beschäftigung mit einem bestimmten Gegenstandsbereich im Kind den Wunsch nach weiteren Qualifikationen?
4. Gebrauch von Materialien: Was wurde bereitgestellt? Machte das Kind von sich aus spontane Lösungsvorschläge? Gab es Anzeichen für eine ungewöhnliche, kreative oder erfinderische Verwendung des Materials?

5. Beispiele für Problemlösungsverhalten: Wie erkannte und löste das Kind ein Problem? (Vergleichen Sie den Weg, den Sie dem Kind in einem lehrergesteuerten Unterricht zur Lösung gezeigt hätten, mit dem, den das Kind im Rahmen entdeckenden Lernens einschlug.)
6. Präsentation von Wegen und Erkenntnissen: Wie hat sich das Kind schriftlich, in Zeichnungen, Modellen, Diagrammen usw. schöpferisch geäußert? (Verfolgen Sie den Weg vom ungezwungenen, spielerischen Umgang mit einem Material bis zur bewusst auf ein Thema ausgerichteten Arbeit.)
7. soziale Folgeerscheinungen: Wie arbeiteten mehrere Kinder zusammen? (Zeigen Sie, welche Auswirkungen das auf die Kinder selbst und auf ihre Arbeit hatte.)
8. Bereicherung der Lernumgebung: Wie haben Sie die Lernumgebung (mit)gestaltet? Hatten zusätzliche Angebote irgendeine Wirkung? (Berichten Sie, ob Sie, ausgehend von Vorschlägen der Kinder, bestimmte Materialien bereitstellten.)
9. Informationsquellen: Welche Informationsquellen nutzten Sie selbst und welche die Kinder?
10. Ausweitung des Themas: Griff das Thema auf weitere Gegenstandsbereiche aus? Gab es Ausweitungen, die von den Kindern vorgeschlagen wurden?
11. Projektskizze: grafische Darstellung, aus der Folgendes ersichtlich wird: Problemstellung, Meilensteine, Themenbereiche
12. persönliche Schlussfolgerungen

Beobachtung von Kindern beim forschend-entdeckenden Lernen (angelehnt an Foster [2]1993, 95 f.)

Solch ein Beobachtungsbogen kann eine wertvolle Grundlage für ein oder mehrere Beratungsgespräche während des forschend-entdeckenden Lernens sein. Diese Gespräche können informell geschehen – als Rückversicherung und Rückmeldung –, aber auch formell als Teil eines Prozesses, der am Ende zu einer Bewertung führt. Im letzteren Fall würde das Gespräch Lernwege steuern, so dass möglichst ein günstigeres Ergebnis entsteht.

Ergänzend sind in der Phase der Ergebnispräsentation kürzere Leitfragen wie bei einem Erwartungshorizont hilfreich, die hier als Fragensammlung angeboten werden.

FRAGEN-KATALOG „Bewertung der Ergebnisse des forschend-entdeckenden Lernprozesses" (Präsentation oder Produkt)

- Auf welcher Quellen- und Literaturgrundlage erfolgt die Darstellung*?
- Mit welchen Methoden erfolgte die Quellen- und Literaturerhebung?
- Wie kohärent werden die einzelnen Informationen verknüpft?
- Sind die gewählten Argumente begründet und nachvollziehbar?
- Ist die Narration stringent und triftig?
- Folgt die Narration den Konventionen des Mediums, in dem dargestellt wird? Nutzt sie die Chancen des Mediums aus?

** Darstellung ist hier in einem weiten Begriffsverständnis als Präsentation (schriftlich oder mündlich) oder Produkt (schriftlich, mündlich, audiovisuell, künstlerisch usw.) gemeint. Bei Produkten ist unbedingt ein Kommentar der Produzenten nötig, der das Produkt erklärt, es sozusagen narrativiert.*

7.6 Erwartungshaltungen

„Kinder sind keine Fässer, die gefüllt, sondern Feuer, die entzündet werden wollen."

(François Rabelais)

Die – zum Teil erst kommenden – kompetenzorientierten Lehrpläne reduzieren die inhaltlichen Vorgaben des Geschichtsunterrichts zwar, doch immer noch ist der Stoffdruck im Geschichtsunterricht recht hoch. Dies ist zumal in der Oberstufe der Fall, vor allem in Bundesländern mit Zentralabitur, für das verbindliche Stoffumfänge vorgegeben sind.

In solch einem kognitiv orientierten Arrangement ist tatsächlich für forschend-entdeckendes Lernen wenig Platz. Denn dieses Organisationsprinzip „bezahlt" man – zugunsten der Ausbildung von fachspezifischen und allgemeinen Kompetenzen – mit einem Weniger an Stoffvermittlung: „Das Wie ist dem Was gleichrangig." (Loos/Schreiber 2004, 735)

Da das Lernen des Lernens aber eine immer wichtiger werdende Schlüsselqualifikation ist, sollten die Vorteile des forschend-entdeckenden Organisationsprinzips offensiv benannt werden (Henke-Bockschatz 1997, 407). Etwaige Nachteile – zum Beispiel die Kritik am fehlenden „Pendelschlag von Abstraktion und Rekonkretisierung" (Hilligen 1975 zitiert bei: Borries 1992, 71) müssen thematisiert und lösungsorientiert bearbeitet werden. Gerade der monierte fehlende Pendelschlag kann durch einen Arbeitsschritt, der eine mögliche Generalisierung der Erkenntnisse zum Thema hat, oder durch eine Wiederanwendung von erworbenen Fertigkeiten und Fähigkeiten bei einem weiteren forschend-entdeckenden Lernprozess erreicht werden.

Eine realistische Erwartungshaltung ist, dass forschend-entdeckendes Lernen einen Prozess der Bewusstwerdung eigener Lernwege an einem historischen Beispiel darstellt. Dabei bemerken Schülerinnen und Schüler, wie schwierig es ist, eigene Ideen ernst zu nehmen, sie in konkretes Handeln zur Problemlösung zu übersetzen und am Ende eine in den eigenen Augen zufriedenstellende Antwort gefunden zu haben. Aber auch die Erkenntnis, dass die Aussagekraft dieser Antwort begrenzt ist und dass mancherlei Fehler und Schwierigkeiten zur Erarbeitung gehörten, hat einen eigenen Wert.

7.7 Veränderte Rolle der Lehrkraft

„Mäeutik – Herkunft: griech. Hebammenkunst“

(Duden)

Die Lehrkraft ist im forschend-entdeckenden Lernen Helfer. Dafür muss sie sich mit dem Organisationsprinzip auskennen – selbst forschende Lehrkraft sein – und sollte keine „Reise in die Vergangenheit“ als „unvorbereitete[r] Tourismusführer“ leiten (Kenkmann 2008, o. S.). Sie soll Lernprozesse ermöglichen, sie als solche erkennen, unterstützen – dabei gleichzeitig gewähren lassen und führen. Pädagogen, Psychologen und Fachdidaktiker, die sich bisher mit dem forschend-entdeckenden Lernen beschäftigt haben, halten die folgenden Aufgaben in den Kategorien Persönlichkeit, Arbeitsorganisation, Hilfestellungen und Kommunikation für wesentlich:

Persönlichkeit:

- nicht die zentrale Informationsinstanz sein wollen (Gies 1981, 115)
- Distanz wahren, Widerstände zulassen, Vertrauen haben (Zocher 2000a, 21)
- Aufmerksamkeit und Interesse signalisieren (Zocher 2000b, 31)
- sich erzählen lassen, voreilige Einschätzungen vermeiden (Zocher 2000a, 21)
- selbst forschend und fragend die Welt betrachten (Schreier 2002, 68)
- hinnehmen, dass Schülerinnen und Schüler anders arbeiten als man selbst (Henke-Bockschatz 2004, 25)

- sich bewusst sein, dass der Unterricht auf Voranannahmen über die Schülerinnen und Schüler basiert (Henke-Bockschatz 2004, 25)
- selbst Lernende/Lernender und nicht allwissende Lehrkraft sein, aber einen Wissensvorsprung haben (Henke-Bockschatz 2009, 193)
- anpassungsfähige Fachperson für das Lernen sein (Hattie 2013, 290)

Arbeitsorganisation:

- eindeutige Lernziele angeben (Dietrich 1973, 584)
- die Schülerinnen und Schüler zur Eigeninitiative ermuntern (Knoch 1988, 9)
- zum Probieren, Fragen, Erkunden, Produzieren anregen (Winter 1994, 17)
- Zeit lassen (Zocher 2000a, 21)
- helfend und arrangierend agieren (Loos/Schreiber 2004, 733 ff.)
- bei offensichtlichen Fehlschlüssen oder unlösbaren Problemen ohne Scheu eingreifen (Loos/Schreiber 2004, 733 ff.)
- eine optimale Lernumgebung schaffen (Forkel 2009, 102 f.)
- die Führung verweigern (Sauer 2012a, 137)
- eine Kommunikationsplattform installieren (Paufler-Gerlach 2013, 2)

Hilfestellungen:

- konkrete Lernhilfen geben, Grundbegriffe und Prinzipien sowie Lern- und Arbeitstechniken einüben (Dietrich 1973, 584)
- inhalts-, prozess- und ergebnisorientierte Lernhilfen geben (Gies 1981, 115 ff.)
- die Schülerinnen und Schüler auf listige und wenig demotivierende Art und Weise auf einen Informationssockel bugsieren, von dem aus sie die nötige Fragekompetenz haben (Vorländer 1984, 125)
- Gespräche moderieren und dabei eine straffe Gesprächsleitung innehaben (Vorländer 1984, 125)

- Arbeitsaufträge formulieren (Knoch 1988, 9)
- Angebote zur Strukturierung machen, produktive Fragen stellen, Impulse geben (Zocher 2000a, 21)
- möglichst geringe, aber differenzierte Lenkungsmaßnahmen, Hilfen und Unterstützungen gewähren (Neber 2002, 11 und 20)
- verständliche Beispiele anbieten (Loos/Schreiber 2004, 733 ff.)
- beratende Funktionen ausüben (Gautschi 2011, 74)

Kommunikation:

- nicht sofort antworten, korrigieren und belehren (Knoch 1988, 9)
- ermuntern, ermutigen, hinlenken, zu bedenken geben, insistieren (Winter 1994, 17)
- Gespräche suchen und darin Interesse an den Fragen bekunden (Zocher 2000a, 21)
- eine angstfreie Kommunikation unterstützen (Forkel 2009, 102 f.)

Dies ist ein hoher Anspruch, der zudem der bisherigen Vorstellung vom Lehrersein in manchem gegenübersteht. Am wichtigsten ist wohl – als Voraussetzung aller anderen Aspekte – die eigene Persönlichkeit. Unabhängig davon, ob man als Lehrkraft alle diese Wunschvorstellungen umsetzt oder nur einen Teil, ist eines bedeutsam: Lehrkräfte haben einen großen Einfluss auf das Lernen von Schülerinnen und Schülern. Das hat die Hattie-Studie von 2008 „Visible Learning" – an der man manches in Frage stellen kann, aber sicher nicht das Ergebnis der grundsätzlichen Korrelation zwischen Schülerleistungen und Lehrerhandeln – deutlich gezeigt (Hattie 2013, 18).

Insgesamt lässt sich gutes Lehrerhandeln im forschend-lernenden Zugang damit beschreiben, dass eine Lehrkraft achtsames Interesse an den Ideen und Handlungen der Schülerinnen und Schüler haben sollte. Dabei geht es auch darum, die Lernenden nicht als homogene Masse zu verstehen, sondern in ihrer Individualität zu sehen. Das führt dazu, dass sich Angebote auf der mittleren Anspruchseben, die stufenweise lösbar sind, am ehesten eignen. Ebenso wie Schülerinnen und Schüler beim Entdecken kooperativ und kollaborativ arbeiten sollen, kann sich auch die Lehrkraft in dieses Miteinander einbringen, ohne ihre Rolle als Leitperson zu verlieren. Leitung bedeutet dabei Rahmenbedingungen zu definieren und Anregungsimpulse zu setzen. Letzteres geschieht, indem der Vorsatz lautet: „Das Ziel, das wir uns als Lehrer setzen, ist, den Schüler nach besten Kräften […] zu einem so selbständigen und spontanen Denker zu machen, daß er am Ende der Schulzeit allein weiterkommen wird." (Bruner 1961, 17)

8. Beispiele für die Praxis

„Kinder und Uhren darf man nicht beständig aufziehen, man muss sie auch gehen lassen."

(Jean Paul)

Nach zahlreichen Bezugnahmen auf *das* wesentliche Moment forschend-entdeckenden Lernens – Selbststeuerung, Selbstverantwortung, Selbsttätigkeit – scheint ein Angebot von Beispielen für die Unterrichtspraxis widersinnig. Ist es nicht unangemessen, Vorschläge für forschend-entdeckendes Lernen anzubieten, die Vorgaben machen?

Ganz im Gegenteil. Es bräuchte dieses Buch nicht geben, wenn es allein mit einer kurzen Beschreibung des forschend-entdeckenden Zugangs möglich wäre, Lehrkräfte und Lernende auf den Weg zu schicken in dieses selbstgesteuerte Lernen. Tatsächlich ist die Fähigkeit dazu ein Lernprozess, in dem Kompetenzen nach und nach erworben werden. Dabei helfen die Vorschläge in den folgenden Unterkapiteln. Sie zeigen forschend-entdeckendes Lernen in unterschiedlichem Ausmaß. Sie sind teilweise vorhandenen Publikationen entnommen, andere Übungen sind selbst entworfen oder von Kolleginnen und Kollegen, Studierenden oder Didaktikerinnen und Didaktikern bereitgestellt.

Die folgenden Beispiele sind von unterschiedlicher Reichweite, für unterschiedliche Lerngruppen und auf unterschiedlichem Leistungsniveau. Sie dienen nur als Impulsgeber für mögliches Unterrichtshandeln. Alternative Themen sind ebenso möglich wie die Entscheidung, weniger oder auch mehr Verantwortung in die Hände der Schüler zu legen. Mehrere Typologien bieten sich an. Wenn also im Folgenden die Unterrichtsbeispiele weitgehend nach Epochen gegliedert sind (Kapitel 8.1 bis 8.13), dann deshalb, um zu zeigen, dass im typischerweise chronologischen Durchlauf des Geschichtsunterrichts in der Sekundarstufe I zu jeder Epoche forschend-entdeckendes Lernen möglich ist. Die weiteren Beispiele widmen sich allgemein dem 20. Jahrhundert (Kapitel 8.14), einem Ansatz ohne konkreten Zeitbezug (Kapitel 8.15), lokalhistorischen Vorhaben zum historischen Wandel (Kapitel 8.16 bis 8.17), allgemeinen historischen Vergleichen oder historischem Wandel (Kapitel 8.18 bis 8.20).

Angebote, die nur oder auch für die Grundschule genutzt werden können, sind mit einem Stern (*) gekennzeichnet; solche, die sich ausschließlich oder auch in der Sekundarstufe II einsetzen lassen mit einem Punkt (°).

Die Beispiele sind wie folgt aufgebaut: Der Titel verweist auf das konkrete Thema. Nun schließen sich einige Basisinformationen an. Sie unterrichten pointiert über die Reichweite im Sinne der Arbeitsschritte forschend-entdeckenden Lernens (vgl. Kapitel 6), über den (geplanten oder erlebten) Zeitumfang, über die passende Lerngruppe, die Ideengeberin oder den Ideengeber, wichtiges Material für das Beispiel und – wo sinnvoll – zusätzliche Literatur.

Alle Beispiele können im Sinne des forschend-entdeckenden Lernens für Leserinnen und Leser des Buches wirksam werden, wenn sie in konkrete „Strecken […], die mit der eigenen Art des geistigen Reisens in Verbindung stehen“ (Bruner 1961, 28), verwandelt werden.

8.1 Neolithische Revolution (*)

Reichweite:	Recherchieren, Sammeln, Ordnen und Verknüpfen aufgrund eines Rätselimpulses
Zeitumfang:	Einzelstunde
Lerngruppe:	Grundschule und Sekundarstufe I (Anfangsunterricht)
Idee:	Erhard Korn (1990), Heike Wolter
Literatur:	Beyerlein, Gabriele (2016): Steinzeit: Die Welt unserer Vorfahren. Würzburg. Lassert, Ursula (2013): Damals in der Stein-, Bronze- und Eisenzeit. Augsburg.

Schaller, Andrea (2012): Steinzeit. Nürnberg.
Verg, Martin (2012): Die Steinzeit (= Geolino extra 32/2012). Hamburg.

Die Unterrichtsstunde beginnt mit einem Rätsel. Dieses wird explizit von der Lehrkraft gestellt, die eine gefälschte Höhlenmalerei präsentiert und folgenden Auftrag dazu gibt: „Dies ist eine gefälschte Höhlenzeichnung. Findet heraus, warum, und beschreibt, wie die Quelle aussehen müsste, damit sie wahr sein könnte."

Die Schülerinnen und Schüler müssen sich nun zuerst überlegen, warum diese Malerei falsch sein könnte. Sicher äußern sie dabei auch für die Lösung Nebensächliches, beispielsweise den Hinweis, dass eine echte Malerei doch sicher fotografiert worden und nicht als Strichzeichnung dargeboten wäre. Im weiteren Verlauf kommen die Lernenden aber wohl auch auf die Idee, dass die Darstellungen auf der Quelle nicht zusammenpassend sein könnten.

Mit Hilfe eines vorbereiteten Materialtischs mit Bildquellen von Höhlenmalereien aus unterschiedlichen Zeiten und mit kindgerechten Sachbüchern zur Vor- und Frühgeschichte können die Lernenden anschließend Informationen zu Tieren aus der Steinzeit (Meso- und Neolithikum) recherchieren und sammeln. Die Erkenntnisse müssen danach zwei Epochen zugeordnet werden. Mithilfe der Fachliteratur können beide Teile abschließend sinnhaft verknüpft werden. Dabei entdecken die Schülerinnen und Schüler, dass die sogenannte Neolithische Revolution zur Sesshaftwerdung (Ackerbau und Tierzucht) führt.

Abb. 8: Gefälschte Strichzeichnung einer Höhlenmalerei (Korn 1990, 26)

Abb. 9: Halle der Stiere in der Höhle von Lascaux, Altsteinzeit (wikimedia commons, Prof saxx, CC BY-SA 3.0)

Abb. 10: Nachzeichnung einer Jagdszene, Höhle der Pferde in Valltorta (Obermaier/Wernert (1919): La pinturas rupestres del Barranco de Valltorta (Castellón), Madrid 1919)

8.2 Asterix bei den Briten (*)

Reichweite: Frage- und Problemstellung entwickeln (mittels Zweifeln)
Zeitumfang: Einzelstunde
Lerngruppe: Grundschule und Sekundarstufe I (Anfangsunterricht)
Idee: Heike Wolter
Material: Goscinny, René/Uderzo, Albert (1997): Asterix bei den Briten. Stuttgart.
Literatur: Kai Brodersen (Hg.) (2001): Asterix und seine Zeit. Die große Welt des kleinen Galliers. München.

Als Ausgangspunkt dient ein Ausschnitt aus „Asterix bei den Briten“. Ob es sich dabei um einen Comic- oder Filmausschnitt handelt, ist egal. Wichtig ist, dass die Schülerinnen und Schüler bei der Frage, ob dieses Werk der Unterhaltung auch für den Geschichtsunterricht nützlich ist, mithilfe des Ausschnitts ihre Vorkenntnisse aktualisieren und ins Zweifeln kommen. Das geschieht, indem sie hypothesenartig erste Pro- und Contra-Argumente austauschen. Pro und Contra meint, dass sie die grundlegende Problematik erkennen: Es handelt sich um ein fiktives

Abb. 11.: Ausschnitte aus dem Comic „Asterix bei den Briten" (Goscinny/ Uderzo 1997, 8, 15, 46)

Werk, das seinen Figuren teils märchenhafte Züge (Zauberkräfte) verleiht.

Davon ausgehend kann dann später ein Beweis der Argumente gefordert werden, der forschend-entdeckend geleistet werden soll. Dafür müssen die Lernenden den Ausschnitt systematisch nach all jenem durchsuchen, das angezweifelt werden kann. Es sind das: die Personen- und Ortsnamen, die Kleidungsstücke der Abgebildeten, die Bezeichnung für die Provinz Britannien, die Begrüßungsgebräuche der Briten, die Kraft von Obelix, Wildschwein, Tee und Pfefferminzsauce als typische Nahrung, die Dienstgrade in der römischen Armee, die Manöverformation, die religiöse Bezugnahme auf Teutates und natürlich die Sache mit dem Zaubertrank.

8.3 Die Pest im Mittelalter

Reichweite: Recherchieren, Ordnen, Verknüpfen, Ergebnisse präsentieren
Zeitumfang: häusliche Arbeit sowie eine Unterrichtsstunde pro Woche
Lerngruppe: Sekundarstufe I, alle Schularten
Idee: Heike Wolter
Literatur: Slack, Paul (2015): Die Pest. Ditzingen.

Portfolioarbeit muss nicht ausschließlich forschend-entdeckend angelegt sein. Oft enthält sie aber durch die Selbsttätigkeit der Schülerinnen und Schüler Elemente dieses Zugangs. Die Beschäftigung mit dem Leben im Mittelalter mit den Mitteln einer Portfolioarbeit kann das unterrichtliche Geschehen vorentlasten, begleiten oder ersetzen.

Die Lernenden sollen innerhalb eines fest umrissenen Zeitraums von vier Wochen sowohl in häuslicher Arbeit als auch in der Unterrichtszeit das Thema „Pest im Mittelalter“ erarbeiten.

Unabdingbar ist für jegliche Portfolioarbeit ein klares Aufgabenkonvolut, das gleichsam den roten Faden der Beschäftigung mit dem historischen Problem darstellt.

Die Pest im Mittelalter

1. Recherchiere, was die Pest für eine Krankheit war und warum die Menschen im Mittelalter solche Angst vor ihr hatten.

2. Suche eine Karte, die den Weg der Pest nach Europa zeigt. Finde auf der Karte eine Stadt in deiner Nähe und zeichne in die Karte den Weg der Pest in diese Stadt ein.
3. Betrachte die Seite http://www.yersiniapestis.info/geschichte.html. Dort findest du eine Karte, die den Prozentsatz der Pesttoten in verschiedenen Gebieten zeigt. Suche ein Gebiet in deiner Nähe und notiere, wie viel Prozent der Menschen dort an der Pest starben.
4. Überlege, was es für die Familien und die Gesellschaft bedeutete, wenn so viele Menschen starben. Nenne drei Folgen.
5. Erkläre den Begriff „Der schwarze Tod".
6. Recherchiere, was Juden mit der Pest im Mittelalter (angeblich) zu tun hatten. Beschreibe besonders die Vorurteile der christlichen Bevölkerung. Beurteile, ob die Behauptungen der Christen damals zutreffen können.
7. Recherchiere und erläutere in etwa zehn Sätzen, wie Ratten zur Verbreitung der Pest im Mittelalter beigetragen haben.
8. Fertige eine Bildanalyse und -interpretation für eines der folgenden Bilder an: „Doctor Schnabel von Rom" (Paul Fürst, um 1656), „Pestkranke" (Toggenburger Bibel 1411), „Triumph des Todes" (Pieter Brueghel der Ältere, um 1562).
9. Erläutere den Hintergrund eines dieser Bilder in etwa zehn Sätzen.
10. Finde ein Foto einer historischen Schnabelmaske. Notiere, in welchem Museum man eine solche Maske noch heute finden kann. Erkläre, wie die Maske funktionieren sollte.
11. Überlege, was dich sonst noch an der Pest im Mittelalter interessiert und/oder worüber du bei deinen Recherchen gelesen hast. Erstelle eine Mindmap mit allen Themen.

8.4 Die Reformation

Reichweite: Frage- und Problemstellung entwickeln (mittels Verblüffung)
Zeitumfang: Einzelstunde
Lerngruppe: Sekundarstufe I, alle Schularten
Idee: Heike Wolter
Material: Jens Natter: Deutsche Jahre. Das Cartoon-Wimmelbuch. Berlin 2012.
Literatur: Schilling, Heinz ([4]2017): Martin Luther. Rebell in einer Zeit des Umbruchs. München.
Schorn-Schütte, Luise (2017): Die Reformation: Vorgeschichte, Verlauf, Wirkung. München.

Als Impuls dient ein Wimmelbild von Jens Natter, also eine Darstellung, die Geschichte deutlich als Konstrukt der Gegenwart zeigt. Es zeigt „Die Reformation“ als Zuspitzung auf die angeblichen Geschehnisse des Jahres 1517 in Wittenberg. Es ist selbstverständlich nicht authentisch in der Bildkomposition, bietet aber eine gute Zusammenschau von wesentlichen Gegebenheiten dieses für die deutsche Geschichte zentralen Prozesses, so dass es geeignet ist, vielfältige Fragen zu evozieren.

Das Bild weist auf den zentralen Konflikt („Luther vs. Papst“) hin, zeigt den zentralen Vorwurf („Lasst ab von Ablassbriefen“), verweist subtil auf verschiedene religiöse Fragen (Zölibat, Religionsfreiheit, Hexenverfolgung), spielt mit Worten („1 Gans gratis“ – Martinsgans) und spiegelt die aufgeheizte Stimmung der Zeit (Mimik und Gestik der Personen).

Die Schülerinnen und Schüler sollten ihre Beobachtungen von Interessantem und Ungewohntem im Anschluss an die Bildbetrachtung äußern. Die spontanen Kommentare und auch hier schon entstehende Fragen sollten in Stichpunkten an der linken Seite der Tafel – also für alle Lernenden sichtbar – notiert werden. Danach sollten weitere mögliche Interessen abgefragt werden, die ebenfalls an der Tafel festgehalten werden. Anschließend werden die Notizen nach Oberbegriffen geordnet.

Die Hypothesenbildung, die auch Schwerpunktsetzungen innerhalb der Einzelthemen nach sich zieht, erfolgt dann in den sich bildenden Arbeitsgruppen, die – da interessengeleitet – unterschiedlich groß sind.

Abb. 12: Wimmelbild zu Luthers Thesenanschlag (Jens Natter: Deutsche Jahre. Witzige Wimmelbilder zur deutschen Geschichte, Schaltzeit-Verlag, Berlin 2012)

8.5 Frühneuzeitliche Stadtansicht (°)

Reichweite:	Frage- und Problemstellung entwickeln (mittels Rätsel)
Zeitumfang:	Einzelstunde
Lerngruppe:	Sekundarstufe I und II, alle Schularten
Idee:	Constantin Leitner/Heike Wolter
Material:	Stadtansicht von Regensburg, 1644, online: http://religionmachteinstadtbild.de/
Literatur:	Matthias Freitag (2016): Regensburg. Kleine Stadtgeschichte. Regensburg (darin: „Stadt des Reichs“. Regensburg in der Frühneuzeit, 92–122).

Dieser Einstieg in das forschend-entdeckende Lernen motiviert über das Rätselhafte der Bildquelle. Die exemplarisch ausgewählte ist eine Stadtansicht Regensburgs von 1644 aus dem Werk von Matthäus Merian. Solche Ansichten gibt es allerdings von sehr vielen Städten, so dass ein lokaler oder regionaler Anknüpfungspunkt für die Lernenden gefunden werden kann.

Die Schülerinnen und Schüler sollen am Stundenbeginn über die abgebildete Stadt auf dem Bild Vermutungen anstellen und diese begründen.

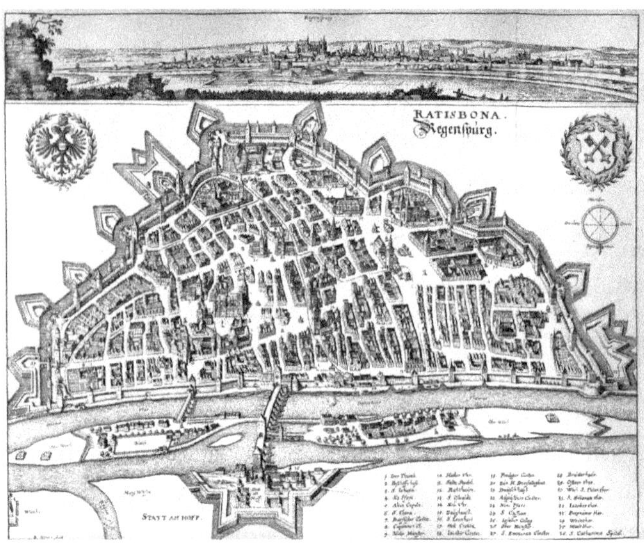

Abb. 13: Stadtansicht von Regensburg in Matthäus Merians „Topographia Bavariae" [Ortsname retuschiert], 1644 (Merian 1644, 70)

Deutlich zu erkennen sind auf der Stadtansicht die auch heute noch bestehenden baulichen Elemente: die Steinerne Brücke, bei genauerem Hinschauen auch der Dom. Viele Städte haben solche Wahrzeichen mit hohem Wiedererkennungswert, deshalb sind andere Stadtansichten aus lokalem oder regionalem Umfeld der Schülerinnen und Schüler ebenso verwendbar.

Aus diesen ersten Eindrücken können die Lernenden Fragestellungen entwickeln – beispielsweise zu nicht mehr vorhandenen Elementen des Stadtbildes (Stadtmauer, zahlreiche Kirchen und Klöster), aber auch zu Kontinuitäten im baulichen Ensemble oder auch zum Vergleich mit anderen Stadtansichten.

Ausgehend von den Schülerfragen sind ein forschend-entdeckendes Arrangement, aber auch andere Zugänge denkbar. Eine Präsentation der Ergebnisse unter Verwendung der ursprünglichen Bildquelle ist zum Beispiel mit ThingLink möglich, einem Programm zur Bildannotation.

8.6 Hexen und Zauberer

Reichweite: Frage- und Problemstellung entwickeln (mittels Widerspruch)
Zeitumfang: im Rahmen einer Einzelstunde
Lerngruppe: Sekundarstufe I
Idee: Christoph Pallaske (2016)
Literatur: Behringer, Wolfgang ([6]2016): Hexen: Glaube, Verfolgung, Vermarktung. München.

Für Schülerinnen und Schüler sind Hexen und Zauberer schaurig-schöne Bereicherung ihrer eigenen Phantasiewelt – verstärkt durch den Zauberer Harry Potter oder die Hexe Bibi Blocksberg und ähnliche Gestalten. Dass Hexen und Hexer über Jahrhunderte intensiv verfolgt und viele von ihnen ermordet wurden, ist kaum im Bewusstsein der Lernenden. Mit zwei kontrastierenden Bildern kann ein Moment der Widersprüchlichkeit erzeugt werden. Eventuell unterstützt durch die elliptische Fragestellung: „Coole Hexe?“ oder „Toller Zauberer?“ kann zum historischen Thema der Hexenverfolgung ausgehend von diesem Widerspruch übergeleitet werden. Wenn auch mit einzelnen regionalen Hochburgen, so ist die Hexenverfolgung doch ein Thema, das zwischen dem 15. und dem 18. Jahrhundert überall in Deutschland virulent war. Es lassen sich also anknüpfend an die Problemstellung Fragen zu Hexen allgemein und zu lokalen Gegebenheiten entwickeln, die dann in einen forschend-entdeckenden Lernprozess münden, aber auch mit anderen Zugängen bearbeitet werden können.

Abb. 14: Hexe Bibi Blocksberg (© 2018 Kiddinx Studios GmbH, Berlin); Hexenverbrennung in Derenburg, 1555, Flugblatt (R. Decker)

Abb. 15: Cover des 7. Harry-Potter-Bandes (Rowling: Harry Potter und die Heiligtümer des Todes, Carlsen Verlag, Hamburg 2007); Folterung eines Hexenmannes, Kupferstich (Löher: Wehmütige Klage der frommen Unschuldigen, Amsterdam 1676)

8.7 Junge Arbeiterinnen in der Industrialisierung

Reichweite: Sammeln, Ordnen, Verknüpfen und Präsentieren; gelenkt-entdeckendes Arrangement
Zeitumfang: Doppelstunde
Lerngruppe: Sekundarstufe I, alle Schularten
Idee: Jana Kirchner, Western Kentucky University, und Andrew McMichael, Potter College (2015, 145–151)
Literatur: Eisler, Benita (Hg.) (1977): The Lowell Offering: Writings by New England Mill Women (1840–1945). Philadelphia.
Ranta, Judith A. (1999): Women and Children of the Mills. An Annotated Guide to Nineteenth-Century American Textile Factory Literature. Westport.

Am Anfang denken die Schülerinnen und Schüler über heutige Gründe für das Arbeiten von Jugendlichen in ihrem Alter nach. Sie überlegen auch, welche Arbeiten typischerweise von Jugendlichen verrichtet werden. Aus ihrer Perspektive sollen sie außerdem einschätzen, welche Herausforderungen solche Arbeit bedeuten.

Danach folgt eine gelenkte Überleitung zum Thema Jugendarbeit in der Zeit der Industrialisierung und die Problemstellung, sich ein Bild von den damaligen Arbeits- und Lebensbedingungen zu machen. Die Lernenden können dazu angehalten werden, sich Gedanken über mögliche (wahrscheinliche) Quellen zu dieser Frage zu machen. Es könnten dabei beispielsweise Egodokumente, statistische Erhebungen, Gesetze und Verordnungen, Zeitungsberichte und Fotografien genannt werden.

Die folgende Sammlung, Ordnung und Verknüpfung von Informationen gelingt mit vielfältigen bereitgestellten Quellen. Trotz der geografischen Ferne des Beispiels könnten die Quellen aufgrund der hervorragend dichten Überlieferungslage genutzt werden, um die grundsätzlichen Wirkungen der Industrialisierung auf Arbeiter zu untersuchen.

Mittels einer Fotografie und durch bereits vorhandenes Wissen über die Industrialisierung sollen die Lernenden Hypothesen über das Leben von jungen Arbeiterinnen in Lowell Mills entwickeln.

TIME TABLE OF THE LOWELL MILLS,

To take effect on and after Oct. 21st, 1851.

The Standard time being that of the meridian of Lowell, as shown by the regulator clock of JOSEPH RAYNES, 43 Central Street.

	From 1st to 10th inclusive.				From 11th to 20th inclusive.				From 21st to last day of month.			
	1stBell	2dBell	3dBell	Eve.Bell	1stBell	2d Bell	3d Bell	Eve.Bell	1stBell	2dBell.	3dBell	Eve.Bell.
January,	5.00	6.00	6.50	*7.30	5.00	6 00	6.50	*7.30	5.00	6.00	6.50	*7.30
February,	4.30	5.30	6.40	*7.30	4.30	5.30	6.25	*7.30	4.30	5.30	6.15	*7.30
March,	5.40	6.00		*7.30	5.20	5.40		*7.30	5.05	5.25		6.35
April,	4.45	5.05		6.45	4.30	4.50		6.55	4.30	4.50		7.00
May,	4.30	4.50		7·00	4.30	4.50		7.00	4.30	4.50		7.00
June,	"	"		"	"	"		"	"	"		"
July,	"	"		"	"	"		"	"	"		"
August,	"	"		"	"	"		"	"	"		"
September,	4.40	5.00		6.45	4.50	5.10		6.30	5.00	5.20		*7.30
October,	5.10	5.30		*7.30	5.20	5.40		*7.30	5.35	5.55		*7.30
November,	4.30	5.30	6.10	*7.30	4.30	5.30	6.20	*7.30	5.00	6.00	6.35	*7.30
December,	5.00	6.00	6.45	*7.30	5.00	6.00	6.50	*7.30	5.00	6·00	6.50	*7.30

* Excepting on Saturdays from Sept. 21st to March 20th inclusive, when it is rung at 20 minutes after sunset.

YARD GATES,

Will be opened at ringing of last morning bell, of meal bells, and of evening bells; and kept open Ten minutes.

MILL GATES.

Commence hoisting Mill Gates, Two minutes before commencing work.

WORK COMMENCES,

At Ten minutes after last morning bell, and at Ten minutes after bell which "rings in" from Meals.

BREAKFAST BELLS.

During March "Ring out"........at....7.30 a. m.........."Ring in" at 8.05 a. m.
April 1st to Sept. 20th inclusive.....at....7 00 " " .... " " at 7.35 " "
Sept. 21st to Oct. 31st inclusive.....at....7.30 " " .... " " at 8.05 " "
Remainder of year work commences after Breakfast.

DINNER BELLS.

"Ring out"........................12.30 p. m.........."Ring in".... 1.05 p. m.

In all cases, the *first* stroke of the bell is considered as marking the time.

B. H. Penhallow, Printer, 28 Merrimack Street.

Abb. 16: Stundenplan der Arbeiterinnen der Lowell Mills Company, 1851 (American Textile History Museum)

Abb. 17: Junge Arbeiterinnen in Lowell Mills, o. J. (Foto: unbekannt)

In einer Art detektivischen Vorgehens stehen im Folgenden acht Stationen mit Quellen zur Verfügung. Es handelt sich um Fotografien, Zeichnungen, Briefe. Aus diesem Material wählen die Schülerinnen und Schüler passende Informationen aus, die für sie ein kohärentes Bild der damaligen Lebensbedingungen ergeben.

Lieber Vater,

ich nehme jetzt den Stift zur Hand, um dich wissen zu lassen, wo ich bin, wie ich hierherkam und dass ich gesund bin. Ich habe dich vielleicht länger im Unklaren gelassen, als ich sollte, aber ich hatte einen guten Grund. Ich wusste nur zu gut, dass du viele Vorurteile gegen meine Arbeit in der Baumwollfabrik hattest. Ich hatte ebenso welche und so wollte ich warten und sehen, wie alles voranging und ob ich bleiben würde. Ich wusste genau, wenn es in der Spinnerei nicht mehr Geld gäbe als daheim, dann sollte ich nicht bleiben. […]

Ich habe jetzt 4 Wochen gewebt und dabei 6,89 Yards geschafft. Wir bekommen 1 Dollar und 10 Cent für 100 Yards. Ich komme so gut zurecht, wie man erwarten konnte. Ich denke, bevor das Jahr zu Ende ist, werde ich in der Lage sein, 4 Webstühle zu bedienen. […] Wenn ich es schaffe, 2 Dollar pro Woche neben den Kosten für meine Unterkunft und Verpflegung zu verdienen und zusätzlich Kleidung und Schuhe zu sparen, weil beides ja bei der Arbeit nicht kaputtgeht, dann ist das besser als im Haushalt zu arbeiten. […]

Auf Wiedersehen

Sarah Rice

Auszug aus einem Brief von Sarah Rice – einer Arbeiterin in Lowell Mills – an ihren Vater, 23.2.1845 (Lowell Library)

Abb. 18: Mädchen an einer Spule, 1860 (Winslow Homer, Lowell National Historical Park)

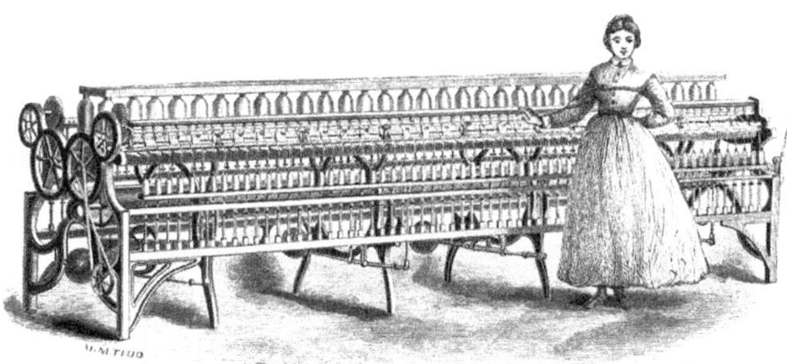

FALES & JENKS' SPINNING FRAME.

Abb. 19: Mädchen an einer Spinnmaschine, o. J. (Lowell Museum)

Abb. 20: Boott Baumwollfabrik in Lowell Mills, etwa 1850 (Kirk Doggett, Lowell National Historical Park)

> Liebe Mutter,
>
> […] Grüße alle Freunde, Bekannte und Schulkameraden, die nach mir fragen. Ich sollte alle meine alten Schulkameraden noch einmal in der Schule sehen. Dann würde ich ihnen sagen, dass sie dort gerade ihre glücklichsten Tage verbringen.

Auszug aus einem Brief von Eliza Bixby – einer Arbeiterin in Lowell Mills – an ihre Mutter, 22.5.1852 (Lowell Library)

Lieber Bruder,

[…] Ich war sehr krank mit so einer Art Pocken. Aber nicht die richtigen, weil ich geimpft war. Ich war eine Woche im Krankenhaus. […] Ich denke, meine Krankheit wird mich etwa 15 Dollar kosten, was sehr viel ist angesichts dessen, wie wenig ich verdiene. Ich sollte dir was über die Gehälter der Männer schreiben: Sie sind gut, aber die Löhne für Jungen sind sehr gering. Ich denke, es ist keine gute Idee, wenn du versuchst, in der Fabrik hier Arbeit zu finden. […] Ich weiß, dass dein Naturell nicht erlaubt, von 5 Uhr morgens bis 7 Uhr abends in einer lauten Fabrik zu sein. […] Die Mädchen müssen nur Arbeiten ausführen, wenn alles repariert und arbeitsbereit ist, die Männer aber müssen die Maschinen warten und die Webrahmen einsetzen. […] Ich denke, das Beste ist, wenn du in die Stadt gehst und einen guten Händlerberuf lernst – sei zuverlässig und fleißig.

Amy L. Galusha

(Lieber Lele, ich habe so viel erlitten, was niemand weiß, aber ich habe jetzt meine Ruhe gefunden im Land der Fremden.)

Auszug aus einem Brief von Amy L. Galusha – einer Arbeiterin in Lowell Mills – an ihren Bruder, 3.4.1849 (Lowell Library)

8.8 Schwierige Wahl – Helfen oder nicht? (°)

Reichweite: Frage- und Problemstellung entwickeln (mittels eines Dilemmas)
Zeitumfang: Einzelstunde
Lerngruppe: Sekundarstufe I und II
Idee: Oliver Plessow (2011), Heike Wolter
Literatur: Oliver Plessow (2011): Die NS-Zeit als Geschichtengenerator? Moralerziehung mithilfe moralischer Dilemmata. In: Lernen aus der Geschichte (Hg.): Magazin-Themenheft „Moralisches Lernen im Unterricht. Online: http://lernen-aus-der-geschichte.de/sites/default/files/attach/lag_magazin_moralisches_lernen_im_unterricht.pdf
Hüttl, Tina/Meschnig, Alexander (2013): Uns kriegt ihr nicht. Als Kinder versteckt – jüdische Überlebende erzählen. München.

Die Unterrichtsstunde beginnt mit einer Dilemmafrage. Diese wird in Form einer kurzen Dilemmageschichte aufgeworfen. Die präsentierte Geschichte ist fiktiv, stellt jedoch eine triftige historische Erzählung dar. Wichtig ist es, dass eine solche Geschichte klar als Dilemma klassifiziert ist, also als eine Situation, die ausweglos und bei jeder Wahl durch möglicherweise unangenehme Konsequenzen gekennzeichnet ist. Die Schülerinnen und Schüler sollen nicht in eine Richtung gelenkt werden – diese Form würde man als Vorbildlernen bezeichnen, das andere Implikationen hat.

In einem ersten Arbeitsschritt geht es für Schülerinnen und Schüler darum, durch eigene Gesprächsbeiträge im Plenum die Dilemmafrage zu erkennen und als leitendes Problem der Unterrichtsstunde festzuhalten.

Sowohl der skizzierte Einstieg ist forschend-entdeckend als auch der weitere Unterrichtsverlauf, wenn Schülerinnen und Schüler beispielsweise historische Entscheidungen (Multiperspektivität) – beispielsweise mit Geschichten aus der Publikation

„Uns kriegt ihr nicht“ – und die eigene Haltung diskutieren (Pluralität). Gegebenenfalls – besonders in der Sekundarstufe II – können fachwissenschaftliche Betrachtungen zur Gesellschaft des Holocaust hinzukommen. Die Lernenden sollen historische und gegenwärtige Urteile verknüpfen und schließlich als Werturteil auf Quellenbasis präsentieren.

1942 – überall in Deutschland werden Juden gezwungen, sich zur Deportation zu melden. Sie sollen in die Vernichtungslager im Osten transportiert werden. In Berlin wendet sich ein jüdisches Ehepaar, das nicht mehr in seinem bisherigen Versteck bleiben kann, an eine junge Frau. Es bittet um Unterkunft. Die Entscheidung muss sofort fallen. Die junge Frau hat zwei kleine Kinder, die Familie ist als kritisch gegenüber dem Nationalsozialismus bekannt. Sollte ihre Hilfe den Behörden bekannt werden, droht ihr KZ-Haft. Ihr Mann ist auf Reisen, deshalb wendet sie sich Rat suchend an einen Freund, der selbst Juden versteckt. Was könnte dieser ihr raten und wie würde er seinen Rat begründen?

Dilemmageschichte (angelehnt an die Geschichte von Christabel Bielenberg im Materialpool von „Facing history and ourselves“)

8.9 Tommy – kein gewöhnliches Kinderbuch (Nationalsozialismus)

Reichweite:	Hypothesen bilden
Zeitumfang:	Einzelstunde
Lerngruppe:	Sekundarstufe I
Idee:	Paul Salmons (2014), Heike Wolter
Material/ Literatur:	Walter Koschmal – Fritta, Bedřich (2015): Für Tommy zum dritten Geburtstag in Theresienstadt. Regensburg.

Manchmal lassen sich mit nur einer einzigen Quelle vielfältige Fragen aufwerfen, die in ein forschend-entdeckendes oder andersartig strukturiertes Lernarrangement führen können. Bei der intensiven Objektbegegnung nach Paul Salmons (2014) werden die Fragen allerdings vom Lehrenden vorgegeben. Der Schwerpunkt der vorliegenden Teilübung, die ein Kinderbuch als Sachquelle aus der Zeit des Holocaust verwendet, liegt dementsprechend auf der Bildung von Hypothesen.

Dazu wird das Buch „Für Tommy zum dritten Geburtstag in Theresienstadt“ von Bedřich Fritta verwendet. Das Buch, das der in Theresienstadt inhaftierte Maler für seinen damals dreijährigen Sohn Tomaš verfasst hat, ist erhalten und wurde zuletzt 2015 neu herausgegeben. Es ermöglicht nicht nur aufschlussreiche inhaltliche Betrachtungen, sondern allein seine äußere Gestalt lädt zu Hypothesen über seine Entstehung und Überlieferung ein, die Ausgangspunkt für weiterführende Betrachtungen sein können.

Abb. 21: Cover und erste Seite „Für Tommy zum dritten Geburtstag in Teresienstadt" (zuletzt erschienen: Regensburg 2015)

An das abfotografierte Relikt werden die folgenden Fragen gestellt:

- Was ist das?
- Was für ein Buch ist es?
- Warum denkt ihr – richtigerweise –, dass es sich um ein altes Buch handelt?
- Wie ist dieses Buch gemacht worden?
- Was für Material wurde verwendet?
- Wie viele dieser Bücher gibt es wohl?

Vertiefung durch Präsentation des Titelbildes:

- Welche eurer bisherigen Vermutungen bestätigen sich?
- Was ist gezeichnet?
- Welchen Ort zeigt das Bild?
- Was steht auf dem Koffer?

Der intensiven Objektbetrachtung mit der Bildung von Hypothesen über das Buch folgt eine abschließende Frage nach den weiteren Informationsinteressen der Lernenden:

- Was würdet ihr nun noch gern über dieses Buch, seine Besitzer und seine Geschichte wissen?

Nun kann im Unterricht mit dem Buch nach eigenen Schwerpunktsetzungen weitergearbeitet werden.

8.10 Spurensuche zu einem KZ-Außenlager (°)

Reichweite:	Projekt, überwiegend selbstständig forschend-entdeckender Zugang
Zeitumfang:	2 Wochenstunden über 1 Schuljahr (P-Seminar)
Lerngruppe:	Sekundarstufe II
Idee:	Heike Wolter, Gymnasium Neutraubling
Material:	Dokumentarfilm: Das KZ-Außenlager Obertraubling. (2012) Online: https://www.br.de/import/audiovideo/bildungsprojekte-obertraubling100.html?time=1.231
Material:	Heike Wolter (Hg.) (2012): „Wenn der Krieg um 11 Uhr aus ist, seid ihr um 10 Uhr alle tot.“

Sterben und Überleben im KZ-Außenlager Obertraubling. Salzburg.

Literatur: Wolter, Heike (2014): Spurensuche zum KZ-Außenlager Obertraubling. In: Memminger, Josef (Hg.): Überall Geschichte! Der Lernort Welterbe – Facetten der Regensburger Geschichtskultur. Regensburg. S. 197–210.

Das folgende Projektbeispiel wurde zwischen 2010 und 2012 am Gymnasium Neutraubling (Bayern) durchgeführt. Im Schulort befand sich von Februar bis April 1945 ein Außenlager des Konzentrationslagers Flossenbürg. Im kulturellen Gedächtnis des ehemaligen Standorts und der Gemeinde, deren Namen das Außenlager trug – Obertraubling –, war dieser Teil der Ortsgeschichte nicht verankert. Das Projekt diente der Rekonstruktion und geschichtskulturellen Vergegenwärtigung der historischen Geschehnisse. Es könnte in ähnlicher Form auch in vielen anderen Orten in Deutschland durchgeführt werden.

Frage- und Problemstellung entwickeln

Das Projekt wird durch die Frage nach der Existenz eines KZ-Außenlagers in Neutraubling bestimmt. Diese entsteht durch eine unscheinbare Aktennotiz, die von einem „Konzentrationslager Obertraubling" spricht. Allerdings soll dieses auf dem Gebiet der erst seit 1951 bestehenden Stadt Neutraubling, dem Nachbarort Obertraublings, gelegen haben. Ausgehend von diesem rätselhaften Fragment stellen sich für die Lernenden viele Fragen, allen voran die, warum die Menschen im Ort – auch sie selbst – nichts über diese Vergangenheit wissen. Im weiteren Diskussionsverlauf ergeben sich zahlreiche Problemstellungen zu Einzelaspekten, zum Beispiel zur Lagergeschichte, zu Tätern und Opfern, zum KZ-Friedhof und zum Gedenken.

Lernen strukturieren

Die Erforschung der Geschichte des Außenlagers einschließlich seiner Vor- und Nachgeschichte findet im Rahmen eines

P-Seminars statt. Dies ist ein Teil der Ausbildung in der gymnasialen Oberstufe in Bayern. Das Projektseminar dient der Studien- und Berufsorientierung und soll durch ein gemeinsames Projekt mit außerschulischen Partnern die fachspezifischen Kompetenzen sowie Sozial-, Selbst- und Medienkompetenz der Schülerinnen und Schüler fördern.

Die Projektplanung mit Arbeitsschritten, die dem Aufbau eines forschend-entdeckenden Lernprozesses in Vielem entspricht, ist zentraler Bestandteil der Arbeit. Mittels eines Arbeitsplanes werden konkrete, kleinteilige Arbeitsschritte definiert, in einem Meilensteinplan erfolgt eine Zeitplanung.

Im Strukturierungsprozess wird neben der detaillierten Themenfestlegung vor allem die Materialgrundlage – Quellen und Darstellungen – in den Blick genommen. Im Fall des Außenlagers Obertraubling wird klar, dass Archivmaterialien aus Neutraubling, Obertraubling und Flossenbürg, videographierte Zeitzeugenberichte, Unterlagen zu juristischen Aufarbeitungen in der Nachkriegszeit, alte Zeitungen und Forschungsliteratur herangezogen werden können.

Recherchieren

Die Recherchen beginnen mit einem Aufruf an die regionale Bevölkerung, die Untersuchung zur Geschichte des Außenlagers und seiner Häftlinge zu unterstützen. Dieser verhallt jedoch ungehört, nicht eine einzige Person kann (oder will) zu diesem Zeitpunkt Auskunft geben. Das wird sich im Projektverlauf ändern. Nach Recherchen im Gemeindearchiv Obertraubling, im Stadtarchiv Neutraubling, in der Universitätsbibliothek Regensburg und in der KZ-Gedenkstätte Flossenbürg geraten die Nachforschungen ins Stocken. Aus der in Flossenbürg zur Verfügung gestellten Häftlingsliste lässt sich zunächst niemand wiederfinden. Bis die Interviewsammlung der Shoah Visual History Foundation den entscheidenden Hinweis liefert: Einige der ehemaligen Häftlinge haben nach dem Krieg ihre Namen geändert.

Mit dieser Information entwickelt eine Schülerin die Idee, in amerikanischen Telefonbüchern zu recherchieren, die deutlich mehr Informationen enthalten, als das in Deutschland üblich ist. Durch eine Kombination der auf den Datenblättern zum Zeitzeugeninterview angegebenen steckbrieflichen Informationen – Name, Alter, Ort des Interviews – erscheinen vier Angaben im Telefonbuch der USA vielversprechend. Diese vier Personen schreiben die Schülerinnen und Schüler an und es stellt sich heraus, dass sie tatsächlich Überlebende des Außenlagers Obertraubling sind.

Zudem finden sich einige Zeitzeugen in den betroffenen Gemeinden in Deutschland, die diese Zeit selbst miterlebt haben. Die meisten von ihnen wollen aber im späteren Projektverlauf nicht mehr benannt und zitiert werden.

Sammeln, Ordnen, Verknüpfen

Im Rahmen des Projekts finden parallel die Auswertungen der Archivmaterialien, der Fachliteratur und der Zeitungsausschnittsammlung statt.

Zudem stellen die Lernenden Kontakt zu den Überlebenden her. Mit einem von ihnen ergibt sich ein längerer brieflicher Austausch, in dem der Überlebende seine Erfahrungen zu Obertraubling schildert. Die drei anderen besucht nur die Lehrerin persönlich – aus Kostengründen – und führt detaillierte biografische Interviews, die aufgezeichnet werden und den Lernenden zur Auswertung zur Verfügung stehen.

Die Erkenntnisse aus dem disparaten Quellenmaterial und der Fachliteratur stellen sich die Schülerinnen und Schüler in Zwischenpräsentationen gegenseitig vor. Sie werden dann in den Gesamtkontext eingeordnet. Es bilden sich Expertengruppen zu bestimmten Aspekten, die anschließend eigenständig an der Verknüpfung jener Informationen arbeiten, die ihren Teil betreffen. Überschneidungen werden erst später entfernt.

Ergebnisse darstellen

Die Schülerinnen und Schüler stellen ihre Erkenntnisse in Fachaufsätzen dar. Diese bilden die Grundlage für das von den Lernenden ausgewählte Seminarprodukt – ein Buch.

Erkenntnisse präsentieren

In „‚Wenn der Krieg um 11 Uhr aus ist, seid ihr um 10 Uhr alle tot!' Sterben und Überleben im KZ-Außenlager Obertraubling" erhalten die Ergebnisse der Schülerinnen und Schüler einen passenden Rahmen, der die Forschungsleistung verdeutlicht. Ergänzend bieten die Lernenden mehrere historische Vorträge in den betroffenen Gemeinden an.

Eine Besonderheit ist der unerwartete Auftrag eines der Überlebenden. Er sagt im Interview, er würde sich wünschen, dass die Schülerinnen und Schüler einen Film über das Außenlager gestalten. In Zusammenarbeit mit dem Bildungsprogramm des Bayerischen Fernsehens entsteht ein Dokumentarfilm, der das Vorgehen im Projekt thematisiert.

Lernprozess reflektieren

Die Schülerinnen und Schüler sind sehr stolz auf ihre Entdeckungen. In vielen Rückmeldungen werden die Lernenden für ihre genuine Forschungsleistung gelobt. Sie erhalten zwei Preise für ihre Arbeit.

In der Reflexion sprechen die Schülerinnen und Schüler einerseits diese positiven Reaktionen an, die ihre Wahrnehmung des Lernprozesses prägen. Aber sie beklagen andererseits auch den hohen Arbeitsaufwand, der sich auch daraus ergibt, dass die Lernenden an verschiedenen Stellen Umwege gehen und Rückschläge verkraften müssen. Insgesamt schätzen die Lernenden das Vorgehen, das ihnen so viel Freiraum für eigene Interessen gegeben hat, sehen es aber im System der Schule als schwierig an, weil nicht ausreichend gewürdigt werde, welche Herausforderungen forschend-entdeckendes Lernen bereithält.

Ein Schüler erzählt in einem Gespräch zwei Jahre später,

dass das Projektzertifikat den Ausschlag für seine erfolgreiche Bewerbung bei einem Unternehmen gegeben habe.

8.11 Aus den Akten auf die Bühne (°)

Reichweite:	Projekt in drei Modulen, einzelne Module im regulären Geschichtsunterricht durchführbar, vorwiegend gelenkt-entdeckendes Arrangement
Zeitumfang:	2 Wochenstunden über 1 Schuljahr (Geschichts-AG)
Lerngruppe:	Sekundarstufe I, durchgeführt am Gymnasium, denkbar auch in anderen Schularten und in der Sekundarstufe II
Idee:	Kristina Panchyrz (Konzept), Kristina Panchyrz und Johannes Stüer (Umsetzung, Leitung der AG), Grabbe-Gymnasium in Detmold (2016)
Material:	Mitschke-Buchholz, Gudrun (2008): Auf jüdischen Spuren. Zwei Stadtrundgänge durch Detmold. Lage.
Literatur:	Müller, Wolfgang (Hg.) (2008): Juden in Detmold. Gesammelte Beiträge zur jüdischen Geschichte in Detmold und ihrer Aufarbeitung in Archiv und Schule. Lage.

Hintergründe

„Aus den Akten auf die Bühne" ist der Titel eines Geschichts- und Theaterprojekts in Kooperation zwischen der Universität Bremen und der Bremer Shakespeare Company. Ziel ist es, „Akten auf der Bühne zum Sprechen zu bringen und auf diese Weise einem breiten Publikum quellenbasierte Forschung zu einem aktuellen Thema zugänglich zu machen" (Institut für Geschichtswissenschaft 2015).

Diese Idee aufgreifend findet am Grabbe-Gymnasium im Rahmen einer AG ein solches Projekt zum Thema „Ausgrenzung, Vertreibung und Verschleppung der Juden in Detmold zwischen 1919 und 1942" in Kooperation mit dem Landesarchiv Detmold, dem Landestheater Detmold und dem Oberstufenchor statt. Szenische Darstellungen im schulischen Rahmen sind eigenständige, kreative Formen der Präsentation von Lernergebnissen und damit besonders nachhaltig. Sie bieten einen ganzheitlichen Zugang zur Vergangenheit.

Einsatz im regulären Geschichtsunterricht

Die Arbeitsgemeinschaft „Aus den Akten auf die Bühne" ist ein Projekt, das über einen längeren Zeitraum außerhalb des regulären Unterrichtsgeschehens stattfindet. Teile der für dieses Projekt erarbeiteten Unterrichtsmaterialien und -ideen können jedoch auch im regulären Geschichtsunterricht eingesetzt werden. Aus diesem Grund sind die einzelnen Komponenten des Gesamtprojektes in Module unterteilt und so aufgearbeitet, dass sie für den regulären Geschichtsunterricht genutzt werden können.

Frage- und Problemstellung entwickeln/Sammeln, Ordnen, Verknüpfen/Ergebnisse darstellen – Stadtrundgang (Modul I)

Um den Schülerinnen und Schülern die Nähe und Präsenz der Spuren jüdischer Vergangenheit an ihrem Wohnort zu verdeutlichen, beginnt die Arbeit mit einem Stadtrundgang durch Detmold. Als Grundlage hierfür dient das Buch „Auf jüdischen Spuren. Zwei Stadtrundgänge durch Detmold", das eine ausführliche Beschreibung von Orten und Lebensgeschichten jüdischer Bewohner in Detmold und zwei detaillierte Karten beinhaltet.

Die ersten Stunden dienen der Annäherung an und Einführung in die Thematik, aber auch eine Vermittlung der Arbeit eines Historikers. Dazu erhält jeder Lernende ein „Puzzleteil" und erarbeitet sich aufgabengeleitet den Inhalt. Die „Puzzleteile" sind unterschiedliche Materialien, wie z.B. Ausschnitte aus Zeitzeugenberichten, Aktenmaterialien (z.B. Behördenbriefe oder Zeitungsausschnitte) oder Fotos. Im Klassenraum stehen sechs Gruppentische, auf denen jeweils ein großes Puzzleteil mit der Abbildung eines Gebäudes aus der Detmolder Innenstadt liegt. Nach der Bearbeitung des eigenen Puzzleteils müssen die Schülerinnen und Schüler herausfinden, zu welchem Gebäude ihr Puzzleteil passt. Nachdem sich die Gruppen auf diese Weise zusammengefunden haben, wird mittels der einzelnen Puzzleteile – die Lernenden erzählen sich gegenseitig den Inhalt ihres Puzzleteils – die Geschichte des Gebäudes erschlossen. Anhand dieser Materialien und weiterer Informationen, u.a. Begriffserläuterungen sowie eine Karte von Detmold mit dem Standort des Gebäudes, erarbeiten die Gruppen jeweils eine Station der folgenden Stadtführung.

Eine Karte, auf der alle Stationen eingezeichnet sind, hilft den Lernenden bei der Orientierung. Vor den entsprechenden Gebäuden tragen die Gruppen vor. Fotos von Gebäuden und Personen dienen der Veranschaulichung. Nach der Stadtführung erfolgt eine Besprechung, in der die Schülerinnen und Schüler äußern können, was sie interessant fanden, was neu für sie war, was sie eventuell schon wussten. Auch offene Fragen sollen angesprochen, ggf. beantwortet oder für die folgende Archivrecherche schriftlich fixiert werden. Aufbauend auf die Stadtführung kann zu den durch die Lernenden ausgewählten Themenbereichen die Archivrecherche erfolgen. Wichtig ist die thematische Eingrenzung, da die Themenvielfalt und die Arbeit im Archiv schnell zur „Überflutung“ der Lernenden mit Materialien führen kann.

Recherchieren/Lernen strukturieren/Sammeln, Ordnen, Verknüpfen/Ergebnisse darstellen – Archivrecherche (Modul II)

Die Kooperation des Grabbe-Gymnasiums mit dem Landesarchiv Detmold beinhaltet, angelehnt an den Lehrplan, die Nutzung von Workshops im Archiv zu unterschiedlichen Themen. Die Idee zu der hier vorgestellten Arbeitsgemeinschaft basierte u.a. auf dem Wunsch, die Nutzung des Landesarchivs NRW, Abt. OWL zu intensivieren. Hinzu kommen die günstigen Überlieferungsbedingungen für eine Region der Größenordnung Lippes mit großen Mengen an erhaltenen und archivierten Quellen sowie die bereits erfolgte intensive Aufarbeitung dieser durch Historiker und Archivpädagogen.

Im Zentrum stehen in dieser ersten Phase des Projektes die Arbeit im Archiv und die Aufarbeitung einzelner Lebensgeschichten jüdischer Bewohner in Detmold und Umgebung – besonders der Kinder und Jugendlichen – mit Fokus auf die Veränderungen im Alltag, der Schule und der Freizeit zwischen 1919 und 1942. Dazu stehen viele unterschiedliche Materialien zur Verfügung: Fotos, Briefe, Behördenakten, Zeitungsartikel etc., anhand derer die Schülerinnen und Schüler die Geschichte jüdischer Bewohner rekonstruieren können.

Bevor die Lernenden im Archiv arbeiten, ist eine Doppelstunde zur ersten Begegnung mit Archivmaterialien und zum Umgang mit Quellen (auch speziell aus der Zeit des Nationalsozialismus) empfehlenswert. Besonders die Sprache von Regierungsbeamten und die teils handschriftlich in Sütterlin- oder Kurrentschrift geschriebenen Dokumente bereiten den Schülerinnen und Schülern Schwierigkeiten und können daher zu Demotivation, Frustration, Fehlinterpretation oder anderen Problemen bzw. Missverständnissen führen. Aus diesem Grund sollen die Lernenden anhand von Kopien ausgewählter Archivmaterialien zunächst üben, Quellen Informationen zu entnehmen, indem sie anhand von Leitfäden die Quellen analysieren und kommentieren. Dieses „Übungsblatt" können die Schülerinnen und Schüler bei ihrer späteren Recherche im Archiv als Hilfestellung für die Arbeit mit den dortigen Quellen nutzen (Auf welche Informationen/Daten muss ich achten? Wo finde ich welche Angaben? Was bedeuten welche Angaben?). Weiterhin transkribieren die Lernenden mithilfe einer entsprechenden Schrifttabelle die in Sütterlin geschriebene Postkarte eines jüdischen Mädchens aus der Gartenstraße 6 an ihre Eltern.

Vor der Arbeit mit den Aktenmaterialien für das eigentliche Projekt erfolgt eine Führung durch das Archiv, bei der die Bestände, die Organisation, die Konservierung und weitere Arbeiten im Archiv vorgestellt werden.

Bei der Themenwahl sollte – wie bereits erwähnt – auch auf das Interesse der Schülerinnen und Schüler eingegangen und die Arbeit im Archiv dementsprechend strukturiert werden. Allerdings hat die Praxis gezeigt, dass es auch wichtig ist, den Lernenden bestimmte Aspekte bzw. Inhalte als gesetzt vorzugeben.

Während der Arbeit stehen Aktenmaterialien, regional- und allgemeingeschichtliche Bücher, weitere Zeitzeugenaussagen aus Büchern und eine Zeitleiste mit Daten der Ausgrenzung, Vertreibung und Vernichtung der Juden sowohl auf Reichs- als auch regionaler Ebene zur Orientierung zur Verfügung.

Die bereits angefertigten Plakate mit den Puzzleteilen aus der Stadtführung und eine stets sichtbare Zeitleiste dienen als Grundgerüst. Die Ergebnisse der Archivrecherche werden von den Lernenden dort ergänzt. Dafür stehen Kopien von Archivmaterialien zur Verfügung.

Ergebnisse darstellen/Erkenntnisse präsentieren – Inszenierung „Ein Mädchen aus Lippe" (Modul III)

Textliche Grundlage: Aufbauend auf der Archivrecherche sollen die Akten auf der Bühne „zum Sprechen gebracht werden" – aus den „verstaubten Regalen" auf die beleuchtete Bühne. Um dies zu erreichen und die Schicksale einzelner Detmolder Bewohner den Mitschülerinnen und Mitschülern, Lehrkräften und Eltern nahezubringen, entwickeln die Lernenden gemeinsam mit den Lehrkräften ein Regiebuch für eine szenische Lesung, wobei Wert darauf gelegt wird, die enge Verbindung zu den Originalquellen zu bewahren. Dies geschieht unabhängig davon, ob die Quellen im ursprünglichen Wortlaut zitiert werden oder aber als Grundlage für auf wahren Begebenheiten beruhende, in ihrer tatsächlichen Umsetzung jedoch fiktive Szenen dienen.

So wird für einige Szenen versucht, anhand und mithilfe der Akten die Geschehnisse so originalgetreu wie möglich zu rekonstruieren, andere Szenen hingegen sind exemplarisch oder symbolisch zu verstehen.

Alle in der szenischen Lesung namentlich genannten Charaktere beruhen, soweit rechtlich zulässig (ansonsten wurden die Namen abgekürzt), auf tatsächlichen Personen. Die in Bezug auf diese realen Personen dargestellten Inhalte spiegeln tatsächliche Erfahrungen dieser Personen wider. Die die szenische Lesung betitelnde Hauptfigur hingegen hat keinen konkreten Namen, sie ist „das Mädchen aus Lippe", welches die Zuschauer wie ein roter Faden durch das Stück führt. Ihre von den Lernenden geschriebenen fiktiven Tagebucheinträge beruhen zum Teil auf tatsächlichen Erlebnissen verschiedener jüdischer Kinder und Jugendlicher in Detmold und Lippe und sind außerdem angelehnt an die politischen und gesellschaftlichen Entwicklungen der damaligen Zeit. Die Einträge des Mädchens dienen den Zuschauern somit als Erläuterung der historischen Zusammenhänge und zur zeitlichen und inhaltlichen Orientierung im Stück. Insgesamt steht das Mädchen aus Lippe, anders als die dargestellten realen Personen, nicht für ein individuelles Schicksal, sondern exemplarisch für alle jüdischen Kinder und Jugendlichen aus Lippe. In ihrer in der szenischen Lesung dargestellten schrittweisen Ausgrenzung vereinen sich sowohl gemeinschaftliche Schicksale (fast) aller jüdischen Kinder und Jugendlichen als auch konkrete individuelle Schicksale einzelner Kinder.

Bühne und Darsteller: Das Bühnenbild ist sehr schlicht und reduziert gehalten. Von vorne betrachtet am linken Bühnenrand steht ein kleiner Schreibtisch, an dem das Mädchen immer wieder Platz nimmt, ihre (fiktiven) Tagebucheinträge verfasst und dabei ihre Gedanken zu den Geschehnissen mit dem Publikum teilt. An der rechten Bühnenseite steht ein weiterer Schreibtisch mitsamt einer Schreibmaschine. An diesem werden von unterschiedlichen Charakteren ausschließlich originale Quellen aus den Akten verlesen bzw. „verfasst". Die Mitte der Bühne dient der Inszenierung selbst. Neben einigen wenigen Requisiten wird das Bühnenbild vor allem mithilfe einer mittig an der Bühnenrückseite befestigten Leinwand gestaltet, auf der unterschiedliche Bildquellen die Geschehnisse auf der Bühne bildlich untermalen. Manchmal wird diese Leinwand aber auch selbst Teil der Kulisse (zum Beispiel durch historische Darstellungen eines jüdischen Geschäfts, eines Theaters, der abgebrannten Synagoge, eines Klassenzimmers, eines Gerichtssaals, eines Archivs etc.). Ansonsten wird weitestgehend auf Requisiten verzichtet. Auf diese Weise liegt der Fokus eindeutig auf dem Inhalt der szenischen Lesung, zudem werden langwierige Umbauphasen vermieden.

Erfahrungen mit der Bühnenarbeit: Bei den Aufführungen wurde teilweise der ganze Saal als Bühne genutzt, so dass einige Szenen im Publikum spielten bzw. dort ihren Ursprung hatten. Dies hatte u.a. den Effekt, dass bestimmte Ereignisse „aus der Mitte der Gesellschaft" heraus geschahen.

Die begrenzte Zahl an Darstellern wurde zudem so aufgefangen und stilistisch genutzt, dass einige behördliche Originaldokumente im Vorfeld als Audiodateien eingesprochen und während des Stücks abgespielt wurden, was deren bürokratische Nüchternheit, die häufig im völligen Kontrast zu den genannten Inhalten stand, unterstrich.

In den Berichten der Überlebenden wurde das gemeinsame Singen in der jüdischen Schule als kleiner Lichtpunkt während der Ausgrenzung, der Angriffe und der Beschimpfungen hervorgehoben (Müller 2008, 31). Dadurch entstand die Idee, den Oberstufenchor mit in die szenische Lesung einzubeziehen. Dieser übte einige Lieder aus dem Liederbuch „Hawa Naschira!" ein und begleitete die szenische Lesung musikalisch, wodurch das Bild des Lebens und des Unterrichts der jüdischen Kinder nochmals untermalt wurde.

Jüdische Bürger – mehr als Verfolgte: Weiterhin lag es der AG am Herzen, die ausgegrenzten und verfolgten Personen nicht nur als Opfer, sondern vor allem als Menschen, als Individuen darzustellen, die auch ein Leben vor und teilweise glücklicherweise auch nach dem Nationalsozialismus hatten. Aus diesem Grunde wurden nicht nur zu Beginn des Stückes Kindheitserinnerungen von Ruth Michaelis-Jena aus ihrem Buch „Auch wir waren des Kaisers Kinder" vorgelesen, sondern zwischen den Szenen wurden von einer Schülerin jeweils auch einige Namen der in Lippe ausgegrenzten und verfolgten Juden genannt, sodass bis zum Ende der Lesung alle damals in Lippe lebenden jüdischen Mitbürger namentlich erwähnt wurden. Am Ende der Lesung wurden schließlich Bilder gezeigt, die einige der im Stück Genannten vor und während des Nationalsozialismus sowie die Überlebenden auch nach 1945 zeigten. Zuletzt wurden schließlich alle im Verlauf des Stücks vorgelesenen Namen gemeinsam auf der Leinwand gezeigt, wodurch einerseits die Menge der in Lippe ausgegrenzten und verfolgten Juden verdeutlicht, gleichzeitig die einzelnen Personen in ihrer Individualität sichtbar wurden.

11. Szene: Eingekreist
Bühnenaufbau (Publikumsperspektive):
Links steht ein Schreibtisch mit einer Lampe und einem Tagebuch.
Rechts steht ein Schreibtisch mit einer Lampe, eine Schreibfeder und Tinte und einer Schreibmaschine.
Ein Mädchen erscheint auf der Bühne, fröhlich singend, tanzend etc. Auf dem Rücken hat sie einen Schulranzen. Sie spielt mit einem Ball, fängt wieder an zu singen und versinkt scheinbar in einen Tagtraum.
Mehrere Personen erscheinen auf der Bühne und stellen sich langsam im Halbkreis um das Mädchen (so dass für die Zuschauer gegenüber der geöffnete Halbkreis, in dem das Mädchen in der Mitte steht, zu sehen ist). Das Mädchen schaut etwas unsicher auf die Personen und hört auf zu singen.
Die erste Person: „April 1933: Jüdische Ärzte werden von der Zulassung zu den Krankenkassen ausgeschlossen. Jüdische Rechtsanwälte, Richter und Staatsanwälte dürfen ihren Beruf nicht mehr ausüben."
Alle gehen einen Schritt nach vorne und verengen somit den Kreis.

Die zweite Person: „7. April 1933: Juden dürfen keine Beamtenlaufbahn einnehmen oder werden in den Ruhestand versetzt. Die Zahl von Juden an Bildungseinrichtungen wird begrenzt."
Alle gehen einen Schritt nach vorne und verengen somit den Kreis. Dem Mädchen fällt der Schulranzen von der Schulter.
Dritte Person: „24. Mai 1933: Anordnung zur restlosen Arisierung der Deutschen Turnerschaft. Die vollständige arische Abstammung aller vier Großeltern wird gefordert."
Alle gehen einen Schritt nach vorne und verengen somit den Kreis. Dem Mädchen fällt der Ball aus der Hand.
Vierte Person: „5. September 1935: Juden sind von nun an keine Reichsbürger und besitzen keine politischen Rechte. Sie sind Staatsbürger minderen Rechts."
Fünfte Person: „Die Ehe oder außereheliche Beziehung zwischen „Ariern" und Juden ist verboten und gilt als „Rassenschande". Verstöße werden mit Zuchthaus bestraft."
Das Mädchen scheint in diesem Kreis gefangen zu sein, versucht weinend verzweifelt zu entkommen, aber wird von den Personen aufgehalten.
Übergang
Musik wird eingespielt. Sie wird leiser. Eine Person kommt von links vor der Bühne und geht bis zur Mitte. Sie bleibt stehen und liest vor:
„Bertha Obermeier, Aron Albert Paradies, Pauline Paradies, Meta Paradies, Julius Paradies, Siegried Plaut, Sophie Plaut, Maria Ries, Hannelore Ries, Josef Ries, Rahel Ries, Julie Ries, Pauline Roseboom, Else Rosenbaum, Frieda Rosenbaum, Inge-Julie Rosenbaum, Dan Rosenbaum, Heinz Philipp Rosenbaum"
Musik wird wieder lauter und setzt aus.

Szenenbeispiel aus dem Projekt „Ein Mädchen aus Lippe" (Panchyrz/Stüer 2016, 15 f.)

8.12 Im Wirtschaftswunder – Verkehrsmittel im Wandel (*)

Reichweite: Ordnen
Zeitumfang: Einzelstunde
Lerngruppe: Grundschule
Idee: Heike Wolter
Material: Bilder, Plakate und andere Quellen des Lebendigen Museums online aus dem Deutschen Historischen Museum (https://www.dhm.de/lemo/) und des virtuellen Museums zum Wirtschaftswunder (http://www.wirtschaftswunder museum.de/)
Literatur: Haus der Bayerischen Geschichte (Hg.) (2009): Wiederaufbau und Wirtschaftswunder. Bildband des Katalogs zur Bayerischen Landesausstellung 2009. Augsburg.

Die Quelle – ein Plakat aus der Zeit des Wirtschaftswunders – zeigt eine Werbung für ein Auto, das sogenannte Goggomobil. Die 1950er und 1960er Jahre waren die Zeit der massenhaften Mobilisierung. Waren Menschen zuvor vor allem per Bahn, Schiff oder zu Fuß unterwegs, schafften sich nun immer mehr Personen ein Auto an. Damit reisten Menschen auch viel mehr, wie die Verbindung der Themen Urlaub und Auto in der Werbung zeigt.

In der Grundschule sollen historische Themen lebensnah eingeführt werden und ein erstes Bewusstsein für den historischen Wandel entstehen. Mit dem Thema Mobilität ist dies quellengesättigt möglich.

Bei diesem Vorschlag geht es um die Einübung der Quellenarbeit an einer kombinierten Text-/Bildquelle. Zunächst können allgemeine Fragen die Wahrnehmung der Quelle auf einer intuitiven und an der konkreten Klasse orientierten Ebene unterstützen.

Abb. 22: Zeitschriftenwerbung der Hans Glas GmbH, um 1957 („Goggomobil" und das G-Logo sind eingetragene Warenzeichen der Fa. Uwe Staufenberg, 71397 Weiler zum Stein)

Was siehst du genau? Beschreibe.	Familie (Mutter, Vater, 2 Kinder) mit Koffern, die in den Urlaub fahren will; schlechte Stimmung; Tramper-Schild „Familie nach Italien"; andere Familie (Mutter, Vater, 2 Kinder) in einem Auto (offenes Dach); gute Stimmung; Text: „So kommt man kaum ans Ferienziel – Lösung klar: Goggomobil" und „Mit dem Goggomobil reist eine vierköpfige Familie billig und bequem"; Firmenname: Hans Glas GmbH
Vergleiche mit der Situation, wenn ihr in den Urlaub fahrt.	ggf. mehr oder weniger Personen; Flugreise; größeres Auto; Trampen unüblich
Überlege, was der Zweck des Plakats gewesen sein könnte.	Werbung für das Auto
Das Auto hieß „Goggomobil". Vermute, was dieser Name bedeuten könnte.	…

Danach kann mithilfe der ‚Historischen Fragehand' oder den ‚Geschichtsforscher-Lupen' (Kapitel 6.4) die systematische Auswertung einer Quelle eingeübt werden.

Was?	Plakat
Wer?	Hans Glas GmbH
Wann?	1957
Wo?	Deutschland
Welche Informationen?	Goggomobil: Auto, billig, bequem, für die Urlaubsreise, nicht mehr mitfahren müssen, Firma Hans Glas GmbH
Warum?	Werbung für das Auto
Für wen?	mögliche Käufer des Autos
Was fehlt?	Kritik am Auto
Nötige Zusatzinformationen?	Geschichte des Goggomobil, Preis, Berichte von Fahrern
Fragen?	War das Goggomobil wirklich billig? War es im Goggomobil bequem?
Glaubwürdige Quelle?	Werbung – besser dargestellt als in der Realität
Andere Interpretationen?	möglich

8.13 Die Filbinger-Affäre (°)

Reichweite: Frage- und Problemstellung entwickeln (mittels Unvereinbarkeit)
Zeitumfang: Einzelstunde
Lerngruppe: Sekundarstufe I und II (Gymnasium)
Idee: Heike Wolter
Literatur: Wette, Wolfram (Hg.) (2006): Filbinger – eine deutsche Karriere. Springe.

Im April 2007 starb der ehemalige CDU-Politiker Hans Filbinger. In den Nachrufen und der Trauerrede auf seiner Beerdigung – Darstellungen also – zeigten sich verschiedene, widersprüchliche Wahrnehmungen seines Wirkens. Diese Widersprüche können zum Ausgangspunkt einer historischen Recherche zum Umgang mit der nationalsozialistischen Vergangenheit (Geschichtskultur) mit forschend-entdeckendem Organisationsprinzip gemacht werden.

Dazu dienen Auszüge aus dem Nachruf des FAZ-Journalisten Rüdiger Soldt und aus der Trauerrede des Politikers Günther Oettinger als Ausgangspunkt. Sie können durch die Frage verbunden werden, welche der beiden Darstellungen die angemessene, vielleicht sogar die „richtige“ ist. Da in diesem Fall die Fragestellung recht rasch feststeht, sollten in der ersten Phase vor allem Fragen nach den notwendigen Arbeitsschritten zur Lösung der Fragestellung thematisiert werden.

Die anschließende De- und Rekonstruktionsleistung braucht eine Orientierung in vielfältigem publizistischem und wissenschaftlichem Material. Es ist nachentdeckendes Lernen, auch wenn von den Lernenden gefordert werden kann, ihre Aussagen so weit wie möglich durch Quellen zu belegen.

Auszug aus dem Nachruf auf Hans Filbinger von Rüdiger Soldt

Hans Filbinger war, wenn man auf seine Wahlerfolge schaut, wohl einer der erfolgreichsten Ministerpräsidenten Deutschlands. 1972 führte er die Südwest-CDU erstmals zur absoluten Mehrheit, 1976 erreichte er mit 56,7 Prozent – auch aus heutiger Sicht – wohl eines der besten Ergebnisse, das ein Ministerpräsident der CDU in Deutschland je erreicht hat. „Freiheit oder Sozialismus" war der Wahlslogan, mit dem Filbinger die Wähler mobilisierte. [...]

Die politische Karriere Filbingers verlief steil. Sie hätte vielleicht auch noch in höchste bundespolitische Ämter geführt, wenn ihm seine Tätigkeit als Marinerichter im Nationalsozialismus nicht zum Verhängnis geworden wäre. Im August 1978 trat er zurück. Seine Partei hatte ihm das Vertrauen aufgekündigt, auch weil sie kein Verständnis mehr für seinen unsensiblen Umgang mit seiner Rolle im Nationalsozialismus hatte. Dabei entstammte Filbinger eigentlich einem Milieu, das sich gegenüber den Versuchungen der Nationalsozialisten vielfach als resistent, wenn nicht sogar widerständig erwiesen hatte. Er gehörte der katholischen Jugend an, Girolamo Savonarola, René Descartes, Reinhold Schneider und Walter Eucken waren die Denker, auf die er sich immer wieder bezogen hat.

Marinerichter wurde er dennoch, auch Mitglied der NSDAP. Filbingers Karriere kennt alle Ambivalenzen des vergangenen Jahrhunderts. [...]

Schon am Sonntag ist er in seinem Haus in Freiburg-Günterstal im Alter von 93 Jahren gestorben.

Auszug aus der Trauerrede für Hans Filbinger von Günther Oettinger

Anders als in einigen Nachrufen zu lesen, gilt es festzuhalten: Hans Filbinger war kein Nationalsozialist. Im Gegen-

teil: Er war ein Gegner des NS-Regimes. Allerdings konnte er sich den Zwängen des Regimes ebenso wenig entziehen wie Millionen andere. Wenn wir als Nachgeborene über Soldaten von damals urteilen, dann dürfen wir nie vergessen: Die Menschen lebten damals unter einer brutalen und schlimmen Diktatur!
Hans Filbinger wurde – gegen seinen Willen – zum Ende des Krieges als Marinerichter nach Norwegen abkommandiert. Er musste sich wegen seiner Beteiligung an Verfahren der Militärjustiz immer wieder gegen Anschuldigungen erwehren. Es bleibt festzuhalten: Es gibt kein Urteil von Hans Filbinger, durch das ein Mensch sein Leben verloren hätte. Und bei den Urteilen, die ihm angelastet werden, hatte er entweder nicht die Entscheidungsmacht oder aber nicht die Entscheidungsfreiheit, die viele ihm unterstellen. Hans Filbinger hat mindestens zwei Soldaten das Leben gerettet: Einer von ihnen, Guido Forstmeier, weilt noch heute unter uns und kann bezeugen, dass sich Filbinger dabei großer Gefahr ausgesetzt hat.
[…] Hans Filbinger war bereits in jungen Jahren von jenem Denken getragen, das später den Aufbau Baden-Württembergs, aber auch Deutschland im Ganzen ermöglicht hat. Welches Denken meine ich dabei? Er kam bereits in den Jahren der Weimarer Zeit zu der Überzeugung, dass der Totalitarismus von rechts und auch von links nur verhindert oder überwunden werden kann, wenn sich die Deutschen wieder auf die Traditionen der christlich-bürgerlichen Kultur besinnen. […] Filbinger hat deshalb den Nationalsozialismus immer verachtet. Die Weltanschauung war für jemanden wie ihn, der aus einem katholischen Elternhaus stammte und der sich als gläubiger Christ verstand, schlichtweg unerträglich. Hans Filbinger hat aus diesem Glauben heraus gehandelt und in der Zeit des Nationalsozialismus großen Mut bewiesen:

- er hat im katholischen Schülerbund „Neudeutschland“ mitgewirkt;
- er hat als Leiter des Bezirks Nordbaden die Gleichschaltung mit der Hitlerjugend bekämpft;
- er hat seine Kommilitonen zur Standhaftigkeit gegen die NS-Vertreter aufgerufen;
- er wurde dafür von den Nazis auf die schwarze Liste der Regimegegner gesetzt. […]

All dies zeigt: Hans Filbinger war bereits in jungen Jahren von einem christlich-freiheitlichen Geist geprägt.

Auszug aus dem Nachruf auf Hans Filbinger von Rüdiger Soldt (Von der Vergangenheit befreit, 3.4.2007, © alle Rechte vorbehalten Frankfurter Allgemeine Zeitung GmbH, zur Verfügung gestellt vom Frankfurter Allgemeine Archiv) und Auszug aus der Trauerrede für Hans Filbinger von Günther Oettinger (Oettinger 2007)

8.14 Bildquellen zum 20. Jahrhundert (°)

Reichweite: Recherchieren
Zeitumfang: Einzelstunde
Lerngruppe: Sekundarstufe I und II, alle Schularten
Idee: Heike Wolter
Material: Bilddatenbank des Bundesarchivs (https://www.bild.bundesarchiv.de/)
Literatur: Gerhard Paul (Hg.) (2011): Bilder, die Geschichte schrieben. 1900 bis heute. Göttingen.

Eine der größten Bilddatenbanken in Deutschland ist die des Bundesarchivs. Von 111 Millionen archivierten Bildern sind dort 200 000 digitalisiert recherchier- und abrufbar. Eine Übung zum selbstständigen Recherchieren ist zu zahlreichen Themen des Lehrplans möglich.

Je nach Zuschnitt der folgenden Unterrichtseinheit kann es entweder ratsam sein, einen großen Themenbereich auszuwählen und davon ausgehend durch die Schülerinnen und Schüler Schwerpunkte festlegen zu lassen. Oder der Fokus soll auf der

Recherche zu einem kleinen Ausschnitt aus der Vergangenheit liegen, um bildliche Überlieferung zu diesem Ereignis oder Prozess zu verdeutlichen.

Der Rechercheprozess kann dabei ganz offengelassen werden, indem nur die Internetseite der Suchmaske angegeben wird. Es können aber auch Hinweise beispielsweise zu möglichen Schlagworten gegeben werden. Gegebenenfalls kann Letzteres auch mit dem Auftrag kombiniert werden zu vergleichen, welche Ergebnisse bei verschiedenen Suchoperationen entstehen. So wird verdeutlicht, dass eine gute Auswahl der Suchbegriffe entscheidend für die Ergebnisse ist.

Drei Beispiele sollen das Potenzial der Bilddatenbank des Bundesarchivs verdeutlichen:

- Wirtschaftswunder (68 Treffer, davon 6 zu Gastarbeitern) – Gastarbeiter (312 Treffer)
- Weltwirtschaftskrise (16 Treffer) – Wirtschaftskrise 1929 (9 Treffer, teils abweichend)
- Feldpost (61 Treffer) – Feldpost und Datumseingrenzung in der einfachen oder erweiterten Suche (1870–1871: 4 Treffer/1914–1918: 27 Treffer/1939–1945: 29 Treffer)

8.15 Ein Tag in der Geschichte (°)

Reichweite: schwerpunktmäßig Präsentieren, aber auch Recherchieren und Sammeln, Ordnen, Verknüpfen
Zeitumfang: mehrere Unterrichtsstunden, zudem Projekttag am Jahrestag des historischen Ereignisses, um die Ergebnisse zu twittern
Lerngruppe: Sekundarstufe I und II, alle Schularten
Idee: Moritz Hoffmann (2015a, 2015b), Heike Wolter
Literatur: Willms, Johannes (Hg.) ([2]1995): Der 9. November. 5 Essays zur deutschen Geschichte. München.

Um die Vernetzung unterschiedlicher Informationen einzuüben kann es hilfreich sein, ein historisches Geschehen von großer

Dimension in den Blick zu nehmen. Dies kann beispielsweise durch die Beschäftigung mit einem bestimmten – einem aktuellen Lehrplanthema zuzuordnenden – bedeutenden Tag in der Geschichte geschehen.

Der Einstieg erfolgt über die Frage an die Schülerinnen und Schüler nach Daten und Ereignissen, an die sie sich selbst erinnern oder von denen sie wissen, dass sich sehr viele Menschen an sie erinnern. So wird klar, dass der Strom der Geschichte (im Gegensatz zur linear verlaufenden Vergangenheit) nicht gleichmäßig dahinfließt, sondern dass es Tage gibt, die besonders erinnert werden. An solchen Tagen ist persönlich oder kollektiv Bedeutsames geschehen.

Recherchieren

Je nach Zeitbudget und Leistungsstand der Lerngruppe können die Lernenden selbstständig zum Thema recherchieren oder aber mit einem vorbereiteten Materialtisch arbeiten. Wichtig ist, dass ein reicher Quellenschatz gegeben oder über die Recherche angestrebt wird. Das kann erreicht werden, indem vorher auf die Quellenvielfalt zu bedeutenden Ereignissen hingewiesen wird. Mögliche Quellengattungen sind beispielsweise: Zeitzeugenberichte, Briefe und Postkarten, Reden, Radio- und Fernsehmitschnitte, Gesetze und behördliche Anweisungen, Annalen/Chroniken, Zeitungen, Memoiren, Biografien, historische Bilder, historische Filmdokumente, Protokolle u.Ä.

Sammeln, Ordnen, Verknüpfen

Die gefundenen oder gegebenen Quellen müssen nun ggf. aussortiert und dann in eine chronologische Reihenfolge gebracht werden. Was sich nicht eindeutig verorten lässt, muss logisch in der Abfolge der Ereignisse untergebracht werden. Inhaltliche Nähe sollte – soweit konkrete Zeiten nicht überliefert sind – durch enge chronologische Zusammenstellung der unterschiedlichen Perspektiven auf ein und dasselbe Geschehen erreicht werden.

Ergebnisse darstellen

Die Ergebnisse lassen sich in einer Zeitleiste des Ereignisses visualisieren. Die Darstellungsart kann dabei Quellenzitate (textlich und bildlich) und Auszüge aus Darstellungen, fiktive zeitgenössische Beiträge (z.B. Tagebuch) und/oder eigene Zusammenfassungen/Kommentare beinhalten. Es bietet sich an, verschiedene Quellen und Darstellungen durch verschiedenfarbige Papiere darzustellen (entweder Einzelbeiträge oder Mediengattungen, je nach Materialvielfalt). Diese werden an dem wachsenden Zeitstrahl angebracht.

Erkenntnisse präsentieren

Am Ende sollen die Erkenntnisse mit den Mitteln des virtuellen Reenactments präsentiert werden. Dafür gibt es die Möglichkeit des TwHistory-Projekts. Dabei wird die Kommunikationsplattform Twitter benutzt, um historische Ereignisse in Echtzeit am Jahrestag ins Bewusstsein der Öffentlichkeit zu rufen. Hinsichtlich des Inhalts und der Nutzerzahlen sehr erfolgreiche Projekte waren in den letzten Jahren beispielsweise „@9nov1938“ und „@digitalpast“ (27.1.1945 bis 1.6.1945). Beide können als Vorbild des Präsentationsmodus gelten.

Material für ein ausgewähltes Beispiel – „Heute vor xx Jahren: Ausbruch des 2. Weltkriegs am 1. September 1939"

Das folgende Material ist nur ein kleiner Ausschnitt möglicher Darstellungen und Quellen zum 1. September 1939. Im Rahmen einer unterrichtlichen Einbindung sollte es vor allem mit lokalen Zeugnissen ergänzt werden, auch Zeitzeugenaussagen sind hier möglich.

- Arani, Miriam: Fotografische Selbst- und Fremdbilder von Deutschen und Polen im Reichsgau Wartheland. Hamburg 2008.
- Gedächtnis der Nation: 1939 – Beginn des 2. Weltkriegs. http://www.gedaechtnis-der-nation.de/erleben

- Gunkel, Christoph (1989): „Steh auf! Der Krieg hat angefangen!“ In: Spiegel. 1.9.2014.
- Hosfeld, Rolf/Pölking, Hermann (2006): Die Deutschen 1918 bis 1945. Leben zwischen Revolution und Katastrophe. (Buch und DVD) München.
- Lange, Thomas (2011): Volksgemeinschaft, Holocaust und Vernichtungskrieg. Schwalbach/Ts.
- Leimgruber, Walter (1990): 1.9.39, Europäer erinnern sich an den Zweiten Weltkrieg. Zürich.
- Ruhm von Oppen, Beate (Hg.)/Moltke, Helmuth James von (2006): Briefe an Freya 1939–1945. München.
- Petente, Dieter (2014): Nationalsozialismus im Dorf. Katholisches Milieu und NS-Herrschaft im westfälischen Dorf Buldern 1933 bis 1945. Dülmen.
- Sandner, Harald ([3]2017): Hitler. Das Itinerar. Bd. 3 (1934–1939). Berlin.
- Schenk, Dieter (2013): Danzig 1930–1945. Das Ende einer Freien Stadt. Berlin.
- Stephan, Günter (2010): Deutschlands Weg in den Zweiten Weltkrieg. Eine Bildchronik. Magdeburg.
- Wittenberg, Andreas (2009): Die deutschen Gesang- und Gebetbücher für Soldaten und ihre Lieder. Tübingen.

8.16 Versteckte Denkmäler (Projekt)

Reichweite: Projekt, gelenkt-entdeckendes Arrangement
Zeitumfang: 1 Wochenstunde über 1 Schuljahr, teilweise im Blockunterricht (Geschichts-AG)
Lerngruppe: Sekundarstufe I, alle Schularten
Idee: Martina Köglmeier, Von-Müller-Gymnasium Regensburg
Literatur: VMG (Hg.) (2016): Versteckte Denkmäler in Regensburg. Von Schülern für Schüler. Regensburg.

Frage- und Problemstellung entwickeln

Interessant wird Vergangenheit erst dann, wenn sie im wahrsten Sinne des Wortes „begreifbar“ wird. Wenn der Schülerin/dem Schüler bewusst wird, dass das, was man Geschichte nennt, eben nicht irgendwo weit weg passiert ist, sondern hier, in der eigenen Familie, vor der eigenen Haustüre, in der eigenen Heimat. Und dass alles, was irgendwo von den sogenannten „großen Männern“ einmal entschieden worden ist, Konsequenzen für den Alltag der kleinen Leute hatte.

Das Mittelalter ist für Lernende vielleicht besonders weit weg. Aber in vielen mittelalterlich geprägten Städten in Deutschland kann man es hervorragend fassen – so auch in der Weltkulturerbestadt Regensburg mit ihren vielen Denkmälern, deren Vergangenheit und Geschichten.

Der Wahlunterricht hat es sich deshalb zur Aufgabe gemacht, auf Spurensuche nach versteckten Denkmälern in Regensburg zu gehen. Diese Aufgabenstellung war vorgegeben, sie erarbeiteten die Schülerinnen und Schüler nicht forschend-entdeckend. Es sollte dabei um Denkmäler gehen, die nicht jeder kennt – versteckte Kleinode. Sie alle berichten etwas über die mittelalterliche Stadtgeschichte (und darüber hinaus).

Lernen strukturieren

Eine große Rolle spielen in der Veranschaulichung der Vergangenheit die „Gedächtnisse unserer Gesellschaft“, die Archive der Städte und Gemeinden sowie die zahlreichen Stiftungs- und Privatarchive. In ihnen finden sich wahre Schätze mit Geschichten aus der Heimat, die man nicht „googeln“ kann und die in keinem Geschichtsbuch stehen, weil sie zunächst nur kleinräumig relevant erscheinen. Daher sah der Arbeitsplan für den Wahlunterricht folgende Schritte vor: Es galt mithilfe der Literatur in der Schulbibliothek, mit Informationen aus dem Spitalarchiv und durch das Internet eine Liste mit Denkmälern zu erstellen. Danach wählten die Lernenden je ein Denkmal zur Bearbeitung aus. Anschließend wollten alle im Arbeitskreis die historischen Hintergrundinformationen und methodische Vorgehensweisen gemeinsam erarbeiten. Ebenfalls gemeinsam sollten Exkursionen in die Regensburger Altstadt sowie ins Spitalarchiv dazu dienen, weitere Informationen zu sammeln. Anschließend wollten die Lernenden diese ordnen, verknüpfen und in einer Broschüre mit dem Namen „Versteckte Regensburger Denkmäler von Schülern für Schüler“ präsentieren.

Recherchieren

Jeder Wahlunterrichtsteilnehmer bekam den Auftrag, eigenständig „sein“ Denkmal zu fotografieren sowie in Büchern, in archivischen Quellen und im Internet zur Historie des Denkmals zu recherchieren.

Sammeln, Ordnen, Verknüpfen

Die erhobenen Informationen sollten die Schülerinnen und Schüler in einer schülergerechten Information oder Aufgabe – beispielsweise in Form einer Sage, Legende oder eines Rätsels – auf einer DIN-A4–Seite darstellen.

Ergebnisse darstellen

Die Lernenden präsentierten ihre Ergebnisse in einem Referat. Dort wurden die Vorlagen gemeinsam besprochen, um Überschneidungen, Widersprüche und andere Hinweise zu thematisieren. Danach überarbeitete die Lehrkraft die Texte.

Erkenntnisse präsentieren

Eine Mediendesignstudentin überführte die Rohmaterialien in ein entsprechendes Broschürenlayout. Die Schülerinnen und Schüler präsentierten die fertige Broschüre der Öffentlichkeit. Besonders motivierend waren die Anwesenheit des Oberbürgermeisters, des Referenten für Bildung, Sport und Freizeit sowie der Presse.

Lernprozess reflektieren

Die wichtigste Erkenntnis formulierte eine Schülerin: „Das war total viel Arbeit, aber jetzt weiß ich erst wirklich, wo ich wohne – jetzt hab' ich Regensburg kennengelernt!"

Alle Teilnehmer waren sich einig, dass ihnen die Geschichte so etwas nähergekommen ist, weil es ein Stoff war, den sie selber vor Ort, in ihrer Heimat, erforschen konnten. Damit sind sie zu Experten geworden, die sich sehr darüber freuen, dass sie zum Teil mehr über ihre Heimatstadt wissen als ihre Eltern und Großeltern – und so diesen ein Stück Regensburger Geschichte vermitteln können.

Abb. 23: Eingang zum Treppenhaus des Alten Rathauses von Regensburg mit Soldaten – „Schutz" und „Trutz" – sowie Stadtschlüsseln (Foto: S. Wilhelm)

8.17 Mein Heimatort in der Geschichte (*)

Reichweite: Sammeln, Ordnen und Verknüpfen
Zeitumfang: Einzelstunde, häusliche Vorarbeit nötig
Lerngruppe: Grundschule und Sekundarstufe I (Anfangsunterricht)
Idee: Heike Wolter
Literatur: Schinko, Bernhard (2008): Festschrift zum 100. Jahrestag der Benediktion der Pfarrkirche St. Georg. Obertraubling.

Die Geschichte des Heimatortes ist in der Grundschule Teil des Lehrplans, in den weiterführenden Schularten wird sie oft als Grundlage für weitere lokale Themenstellungen im Geschichtsunterricht zumindest überblicksartig gebraucht.

Die wichtigsten Arbeitsschritte des forschend-entdeckenden Lernprozesses sind das Sammeln, Ordnen und Verknüpfen der Quellen und Darstellungen unter der selbst entworfenen Problemstellung. Um die ersten beiden Fertigkeiten einzuüben, bietet sich die Zusammenstellung einer Bildkartei – aus historischen Bildquellen – oder einer Quellensammlung – aus Bild- und Textquellen – an. Dabei ist es ratsam, dass die Lehrkraft eine Vorgabe hinsichtlich des Sammlungsgebiets (zum Beispiel eine zeitliche Eingrenzung) und der Auswertung macht. Eine Auswertungsmaske für die Schülerinnen und Schüler, die der jeweiligen Quelle beigefügt wird, kann Thema/Titel, Entstehungszeitpunkt, Entstehungsort, Verfasser, Quellengattung, Fund-/Standort und Schlagworte enthalten. In der Zusammenschau der von den Lernenden entweder durch eine Recherche im Unterricht oder als Hausaufgabe gefundenen Quellen (und ggf. auch Darstellungen) kann ein erster Überblick über die Quellenlage zur Geschichte des Heimatorts gelingen.

An die Sammlung der Quellen (und ggf. auch Darstellungen) soll sich eine Zuordnung zu bestimmten Themen/Oberbegriffen anschließen.

Im Zeitumfang nicht berücksichtigt sind die Empfehlungen zum weiteren Vorgehen: Die Übung sollte nämlich nicht für sich stehen, sondern in eine Beschäftigung mit einem oder mehreren Aspekten der Lokalgeschichte münden, die aber nicht unbedingt forschend-entdeckend organisiert sein muss. Das kann beispielsweise die Geschichte einer Schule oder Kirche vor Ort sein, die Ortsentwicklung und -erschließung oder Lebensgeschichten der Menschen des Ortes.

Mein Heimatort ____________ in der Geschichte

Quellen

Thema/Titel	Entstehungs-zeitpunkt	Entstehungsort	Verfasser	Quellen-gattung*	Fund-/Standort	Schlagworte

* Quellengattung: Quellen werden in schriftliche und bildliche Quellen unterteilt. Quellengattungen sind zum Beispiel: Urkunden, Protokolle, Verträge, Testamente, Rechnungen, Chroniken, Briefe, Tagebücher, Predigten, Reiseberichte, Flugblätter, Zeitungen und Zeitschriften. Bildliche Quellen sind beispielsweise Gemälde, Zeichnungen, Fotos, Baupläne und Wappen.

Mein Heimatort *Obertraubling (Kirche St. Georg)* in der Geschichte Quellen						
Thema/Titel	**Entstehungs-zeitpunkt**	**Entstehungsort**	**Verfasser**	**Quellen-gattung***	**Fund-/Standort**	**Schlagworte**
St. Georg-Kirche	2017	Obertraubling	Heike Wolter	Fotografie	privat	Fassade, Gebäude
Weiheurkunde des Altars	1995	Regensburg	Manfred Müller, Bischof	Urkunde	Pfarrarchiv	M. Müller, Weihe, Reliquie
Gedenktafel	1907	Obertraubling		Marmortafel	Sakristeimauer	J. Heigl, Neubau
Altarbild „Drachenszene"	1946	Obertraubling	Erwin Schöppl	Gemälde	Hochaltar	Altar, Drache, E. Schöppl
Ortsbild Obertraubling	um 1830	Regensburg	Anton Schwerdtner	Porzellantasse	Familie Artinger	Dorfansicht, Kirche, Bauernhöfe
Neubau der Kirche	1907	Obertraubling	?	Fotografie	Pfarrarchiv	Kirche, Neubau, Dachbau
St. Georg	nach 1759	Obertraubling	?	Statue	Altarraum	Heiliger, Barock

Quellensammlung zur Geschichte der Pfarrkirche Obertraubling

8.18 Schulzeugnisse (*)

Reichweite: Sammeln
Zeitumfang: Einzelstunde
Lerngruppe: Grundschule und Sekundarstufe I
Idee: Heike Wolter
Material: Schulzeugnisse bei digicult, online über: https://www.schulmuseum-ottweiler.net/magazin/geschichte-der-schulzeugnisse
Literatur: Urabe, Masashi (2009): Funktion und Geschichte des deutschen Schulzeugnisses. Bad Heilbrunn.

Die vorliegenden schriftlichen Quellen sind Schulzeugnisse aus dem Deutschen Kaiserreich, der Zeit des Nationalsozialismus, der frühen Bundesrepublik und der DDR. Die Quellen eignen sich zur Einübung methodischer Fähigkeiten der De- und Rekonstruktion. Dazu kann ein vorgegebenes Schema (Kapitel 6.4) ebenso verwendet werden, wie es möglich ist, die Schülerinnen und Schüler selbst zu beauftragen, wichtige Fragen zur Analyse und Interpretation zusammenzustellen und zu beantworten.

Der Vorteil des Schulzeugnisses liegt in seiner leichten Lesbarkeit, der grundsätzlichen Verständlichkeit des Textes – durch die Normung von Zeugnissen ebenso wie durch die klare Sprache –, aber auch der interessanten Bezugnahme auf Bewertungsaspekte, die heutigen Lernenden sehr fremd sind.

Fremd anmutende Bezugnahmen:

- Kaiserreich: Volksschule, Raumlehre, weibliche Handarbeit, Ortsschulinspektor, Fleiß, sittliche Führung
- Nationalsozialismus: Reichsgau, Volksschule, Leibeserziehung
- Frühe Bundesrepublik: „ohne Tadel“, Kulturkunde, Leibeserziehungen, Hauswerk
- DDR: FDJ-Leitung, Arbeitsgemeinschaft, politisches Gespräch, Abzeichen, Staatsbürgerkunde, Lobe, Betragen, Fleiß, Ordnung und Mitarbeit

Königreich Württemberg.

Zeugnis

bei der Entlassung aus der Volksschule.

S[illegible] geboren den [illegible] Dez. 1896

katholischer Konfession, ist nach Erfüllung der gesetzlichen Schulpflicht mit folgendem Zeugnis aus der Volksschule entlassen worden:

Religion	sehr gut	Geschichte	gut
Lesen	sehr gut	Geographie	gut
Schönschreiben	sehr gut	Naturgeschichte	gut
Rechtschreiben	sehr gut	Naturlehre	gut
Aufsatz (Fertigkeit im schriftlichen Ausdruck)	sehr gut	Singen	befriedigend
		Zeichnen	gut
Sprachlehre und Fertigkeit im mündlichen Ausdruck	sehr gut	Turnen	befriedigend
Rechnen mit Raumlehre	gut	Weibliche Handarbeiten	—

Der Fleiß war sehr gut

Der Schulbesuch war sehr gut

Die sittliche Führung war sehr gut

[illegible] den 23. April 1910

Kath. Ortsschulinspektorat: Stadtpfarrer Müller

Der Klassenlehrer: Lang

Abb. 24: Zeugnis, 1910

Reichsgau: Kärnten Schuljahr 1940/41
Kreis: Völkermarkt Zahl im Hauptbuch: 11

Schulnachricht

über [redacted], geboren am 2. 11. 1933
zu [illegible] in Kärnten,
schulbesuchend seit 18. 9. 1939, hier eingetreten am 18. 9. 1939,
Schüler — der 2. Klasse, — Abteilung, 2. Schulstufe,
an der 6 klassigen Volksschule zu Eisenkappel.

Führung und Mitarbeit:
1. Schuljahrsdrittel sehr zufriedenstellend
2. Schuljahrsdrittel
3. Schuljahrsdrittel sehr zufriedenstellend

Leibeserziehung 1. Schuljahrsdrittel Leichtathletik ..... Turnen ..... Schwimmen ..... Spiele ..... Boxen .....
Allgemeine körperliche Leistungsfähigkeit 1
Leibeserziehung 2. Schuljahrsdrittel Leichtathletik ..... Turnen ..... Schwimmen ..... Spiele ..... Boxen .....
Allgemeine körperliche Leistungsfähigkeit
Leibeserziehung 3. Schuljahrsdrittel Leichtathletik ..... Turnen ..... Schwimmen ..... Spiele ..... Boxen .....
Allgemeine körperliche Leistungsfähigkeit 1

Schuljahrsdrittel	Deutsch	Heimatkunde	Deutsch	Lesen	Schreiben	Geschichte	Erdkunde	Naturkunde	Musik	Zeichnen und Werken (für Knaben)	Zeichnen (für Mädchen)	Handarbeit (für Mädchen)	Hauswerk (für Mädchen)	Rechnen und Raumlehre		Äußere Form der Arbeiten	Zahl der versäumten Schultage: entschuldigt	Zahl der versäumten Schultage: nicht entschuldigt	Unterschrift der Eltern oder deren Stellvertreter
I	3	1		2	2				1	2				2			4	-	Kukmica Franz
II																			
III		1	2	2	3				1	2				1			-	-	Kukmica Franz

Der (Die) Schüler wird in die 3. Klasse, — Abteilung — versetzt.
Der (Die) Schüler ..... wird zum Aufsteigen in die Hauptschule für ..... reif erklärt.

[illegible] Klassenleiter. L.S. [illegible] Leiter der Schule.

Eisenkappel, am 3. 7. 1941

VA 80. Schulnachricht. — Österr. Landesverlag, Wien. Blatt 262/40. — Druck: Josef Müller, Wien 27.

Abb. 25: Zeugnis, 1941

25. Schule des Verwaltungsbezirks Berlin-Kreuzberg

ZEUGNIS

[geschwärzt],

geb. am 1. März 1935 in Berlin-Tempelhof Kreis -.-

ist nach 8 Schuljahren aus der achten Klasse in das Neunte Schuljahr übernommen worden.

Er ~~Sie~~ besuchte diese Klasse vom 1. September 1949 bis 30. Juni 1950 und erhält nachstehendes Zeugnis:

Allgemeine Beurteilung unter besonderer Berücksichtigung der Berufseignung

Er war willig und fleissig, zählte allerdings zu den stillen Mitarbeitern in der Klasse, war aber auch in seinen Arbeiten sauber und sorgfältig. Sein Verhalten gegenüber Lehrern und Mitschülern war ohne Tadel. Besondere Neigungen oder Eignungen waren nicht feststellbar.

Kernunterricht

Berufs- und Kulturkunde: Berufs- und kulturkundlichen Fragen gegenüber zeigte er sich aufgeschlossen und verfolgte mit Interesse die handwerkliche und kulturelle Entwicklung.

Gemeinschaftspflege u. Gesellschaftskunde: Ein wenig schüchtern und gehemmt, stets verträglich, fügte sich gut in die Gemeinschaft ein, ist geschichtlich interessiert und verfügt über ausreichende Stoffkenntnisse.

Musische Erziehung:

Musik: Musikalische Begabung war nicht feststellbar.

Bildhaftes Gestalten: Leistungen sind ausreichend.

Leibesübungen: Im Sport zeigte er befriedigende Leistungen.

Hauswerk: -/-

Kursunterricht

Deutsch:	befriedigend
Englisch:	ausreichend
Französisch:	-/-
Angew. Rechnen:	befriedigend
Algebra – Geometrie:	befriedigend
Physik:	ausreichend
Chemie:	ausreichend
Biologie:	befriedigend
Erdkunde:	befriedigend
Metallarbeit:	-/-
Holzarbeit:	-/-
Textilarbeit:	-/-
Arbeit in Büro u. Laden:	-/-
Buch- u. Plakatgestaltung:	-/-
Hauswerk:	-/-
Gartenbau:	-/-
Kurzschrift:	gut

Schulbesuch: Hat das 9. Schuljahr vollendet. Sein Schulbesuch war regelmässig.

Bemerkungen: -/-

Berlin-Kreuzberg, den 30. Juni 1950

Metzel — Schulleiter — Siegel: Bezirksamt Kreuzberg, Robert-Koch-Schule, Groß-Berlin — Klassenleiter

Gelesen: Erziehungsberechtigter

Zensuren: 1 = Sehr gut, 2 = Gut, 3 = Befriedigend, 4 = Ausreichend, 5 = Nicht genügend.

Vordruck für das 9. Schuljahr

Abb. 26: Zeugnis, 1950

geboren am 19.1.1964 in Mühlhausen

hat die zehnklassige allgemeinbildende polytechnische Oberschule von 1970 bis 1980 besucht

und sich der Abschlußprüfung unterzogen

GESAMTEINSCHÄTZUNG

Thomas ist ein aufgeschlossener, kritischer Schüler mit einer sehr guten Einstellung zur schulischen und außerschulischen Arbeit. Seine Mitschüler achten ihn als kameradschaftlich und hilfsbereit. Sie wählten ihn in die FDJ-Leitung, in der er seine Funktion mit Eifer erfüllte.

Am Unterricht beteiligt sich Thomas rege und beweist logisches Denkvermögen. Schon früh zeigte sich sein besonderes Interesse an naturwissenschaftlich-technischen Fächern. Hier eignete er sich mit viel Fleiß auch Wissen, das über den Schulstoff hinaus ging, an. Er arbeitete erfolgreich in verschiedenen naturwissenschaftlich-technischen Arbeitsgemeinschaften und qualifizierte sich zum Amateurfunker.

Am politischen Gespräch beteiligte er sich rege, er erhielt im FDJ-Studienjahr das Abzeichen "Für gutes Wissen" in Bronze.

Gesamtverhalten

Betragen gut Ordnung gut

Fleiß gut Mitarbeit gut

ZENSUREN

Deutsche Sprache und Literatur	gut	Einführung in die sozialist. Produktion	gut
Russisch (nach 6 jährigem Unterricht)	gut	Produktive Arbeit	gut
Mathematik	gut		
Physik	sehr gut	Geschichte	gut
Astronomie	sehr gut	Staatsbürgerkunde	befriedigend
Chemie	gut	Kunsterziehung	gut
Biologie	gut	Musik	befriedigend
Geographie	gut	Sport	gut
fakultativ Englisch (nach 4 jährigem Unterricht)	befriedigend	Französisch (nach jährigem Unterricht)	–

DIE ABSCHLUSSPRÜFUNG WURDE

" g u t " bestanden.

Mühlhausen, den 4. Juli 1980

DIE PRÜFUNGSKOMMISSION

Vorsitzender/Direktor — Klassenleiter

(Schulstempel)

Abb. 27: Zeugnis, 1980

8.19 Kinderspiele im Wandel der Zeit (*)

Reichweite: Projekt, einzelne Teile (Frage- und Problemstellung entwickeln) im regulären Geschichtsunterricht durchführbar, gelenkt-entdeckendes Arrangement

Zeitumfang: mehrere Unterrichtsstunden, ggf. Exkursionszeit

Lerngruppe: Grundschule und Sekundarstufe I (Anfangsunterricht)

Idee: Hilke Günther-Arndt (Kurzbeschreibung 2003), Heike Wolter

Material: Senet-Vorlage: Spielanleitung und Kopiervorlagen gibt es vielfach im Internet, beispielsweise auf der Seite des Schreibwarenherstellers „Pelikan“, www.pelikan.com.

Frage- und Problemstellung entwickeln

Die Schülerinnen und Schüler erhalten pro Zweiergruppe die Nachbildung eines Senet-Spiels mit einer Spielanleitung (→ Material). Ergänzend kann eine Phantasiereise in die historische Spielsituation eines Kindes einführen. Senet wurde bereits im Alten Ägypten gespielt und hat Ähnlichkeit mit Mensch-ärgere-dich-nicht. Nach dem Spiel werden Fragen zur Spielerfahrung und zu weitergehenden Informationsbedürfnissen der Schülerinnen und Schüler gestellt, zum Beispiel „Was würdest du gern im Zusammenhang mit diesem Spiel wissen wollen?“. Man kann vermuten, dass die Fragen der Lernenden:

- das Spiel selbst betreffen (Ort und Zeitraum des Gebrauchs, Überlieferung, Regeln, Nutzer u.Ä.).
- sich mit Ähnlichkeiten zu heute und der Historizität beschäftigen (Mensch-ärgere-dich-nicht, Spiele im Wandel der Zeit).
- Spielformen thematisieren (Brettspiele, Kartenspiele, Ratespiele, Glücksspiele, Geschicklichkeitsspiele, Denkspiele, Kinderspiele u.Ä.).

- Vorwissen einbringen („alte“ Spiele, die in anderen Lernsituationen thematisiert wurden oder im persönlichen Umfeld vorhanden sind).

Daraus können sich unterschiedliche Fragen an das Thema ergeben, für die erste Hypothesen hinsichtlich möglicher Antworten aufgestellt werden können.

Lernen strukturieren

Danach geht es zunächst um das Festlegen notwendiger Schritte zur Lösung der Problemstellung und die Aufteilung der Verantwortlichkeiten in der Gruppe. Sinnvoll ist eine Arbeit in Kleingruppen mit regelmäßigem Austausch zwischen allen Lernenden. In der angedachten Lerngruppe ist eine Selbstorganisation noch nicht vollständig möglich. Wesentliche Arbeitsschritte, Bearbeitungszeiten, Verantwortlichkeiten und Austauschprozesse sollten deshalb gut sichtbar notiert werden.

Recherchieren

Je nach Leistungsvermögen der Lerngruppe können selbstständige Recherchen in einer Bibliothek und im Internet durchgeführt werden. Es ist aber auch möglich, einen Materialtisch zusammenzustellen, der eine Sachbibliothek und unterschiedliche Quellen zur Geschichte von Kinderspielen enthält. In einigen Regionen gibt es Spiele- oder Spielzeugmuseen (zum Beispiel in Nürnberg, Altenburg, Seiffen), in Salzburg gar ein Institut für Spielforschung und in Nürnberg das Deutsche Spielearchiv, so dass dort auch Exkursionen denkbar wären.

Sammeln, Ordnen, Verknüpfen

Die Ergebnisse müssen nun – entlang der gefundenen Fragestellungen – geordnet werden. Hierbei sind Austauschprozesse zwischen den einzelnen Bearbeitungsgruppen wichtig. Nur so werden Überschneidungen zwischen einzelnen Aspekten deutlich und Lücken in der Darstellung (und damit im Verständnis) können leichter aufgedeckt werden.

Ergebnisse darstellen

Die Ergebnisse sollten sowohl eigene Darstellungen enthalten als auch kommentiertes Quellenmaterial beinhalten. Ähnlich wie beim gewählten Einstieg sind auch Modelle verschiedener Spiele denkbar.

Erkenntnisse präsentieren

Es gibt vielfältige Möglichkeiten, die eigenen Erkenntnisse zu präsentieren. Dies kann beispielsweise entlang einer Zeitleiste geschehen. Auch eine Ausstellung – vielleicht ähnlich dem Einstieg mit Modellen verschiedener Spiele zum Ausprobieren – könnte geeignet sein.

Lernprozess reflektieren

Die Reflexion über das Erreichte, über Herausforderungen und Chancen des forschend-entdeckenden Zugangs soll den Abschluss bilden. Günther-Arndt schlägt zudem eine „spielerische" Entscheidungsfrage vor, in welcher Zeit man am liebsten Kind gewesen wäre (Günther-Arndt 2003, 190). Hierbei ist allerdings zu beachten, dass der Blick auf historische Spiele nur einen kleinen Ausschnitt aus der historischen Lebenswelt von Kindern darstellt.

8.20 Von A nach B – Nachrichtenübermittlung (°)

Reichweite:	Projekt, überwiegend selbstständig forschend-entdeckender Zugang
Zeitumfang:	mehrere Unterrichtsstunden oder Projektwoche, ggf. Exkursionszeit
Lerngruppe:	Sekundarstufe I und II
Idee:	John Foster (Beschreibung einer Lernsituation zur Geschichte des Telefons, 1993, 63), Heike Wolter
Literatur:	Wilke, Jürgen ([2]2008): Grundzüge der Medien- und Kommunikationsgeschichte. Von den Anfängen bis ins 20. Jahrhundert. Köln/Weimar/Wien.

Frage- und Problemstellung entwickeln

Am Anfang werden die Lernenden gefragt, wer alles selbst ein Mobiltelefon/Smartphone hat. Das wird ganz sicher die Mehrheit der Schülerinnen und Schüler sein, wenn nicht alle. Anschließend sollen die Lernenden vermuten, wie lange es diese Kommunikationsmittel schon gibt – seit Anfang der 1990er Jahre. Die Frage, wie man sich vorher verständigt habe, ist der Impuls für die Beschäftigung mit der Geschichte der Nachrichtenübermittlung.

Möchte man die Themenfindung mit einem lokalen Beispiel beginnen, könnten beispielsweise eine historische Postsäule, ein Funkturm oder eine Regatta mit Signalflaggen aufweisenden Schiffen mit der dazugehörigen Frage nach deren Nutzen der Ausgangspunkt sein.

Da selbst dieser Ausschnitt aus der Kommunikationsgeschichte ein sehr umfangreiches Gebiet ist, müssen die Schülerinnen und Schüler zunächst überlegen, was sie überhaupt an diesem Thema interessiert. Vielleicht geht es um den Buchdruck, vielleicht um die technischen Aspekte der Nachrichtenweitergabe (Leuchttürme, Rauchsignale, Klopf- oder Trommelzeichen, Flaggen, Morsezeichen, Briefpost, Telefon), vielleicht um „Kommunikationspannen“. Es kann auch sein, dass die Lernenden ganz andere Fragestellungen finden.

In jedem Fall sollte sich eine Phase der Hypothesenbildung anschließen. Dies soll erstens geschehen, weil die Kommunikationsgeschichte häufig durch deutliche Kausalitäten geprägt ist. Weiterentwicklungen fanden und finden aufgrund unerfüllter oder unzureichend erfüllter Kommunikationsbedürfnisse statt. Zweitens ist das Thema ein ausuferndes, so dass ein roter Faden entlang der eigenen Forschungsinteressen besonders wichtig ist.

Lernen strukturieren

Je nach Alter und Fähigkeiten in der Selbstorganisation können große Teile der Arbeitsplanung in die Hände der Schülerinnen und Schüler gelegt werden. Wesentliche Arbeitsschritte, Bearbeitungszeiten, Verantwortlichkeiten und Austauschprozesse sollten gut sichtbar notiert werden. Da die Geschichte der Nachrichtenübermittlung umfangreich erforscht ist, muss eine intensive Wahrnehmung von Quellen (statt bzw. ergänzend zu vielfältig vorhandenen Darstellungen) gezielt angestrebt werden.

Recherchieren

Selbstständige Recherchen nach Darstellungen in einer (wissenschaftlichen) Bibliothek und im Internet sind erfolgversprechend. Aus den ehemaligen Postmuseen in Deutschland entwickelten sich zudem Kommunikationsmuseen, deren Ausstellungsstücke für das forschend-entdeckende Lernen wichtige Impulse liefern können. Solch ein Museumsbesuch ist beispielsweise in Frankfurt, Berlin, Bonn, Nürnberg, Bamberg mit einem Schwerpunkt zur Objektgeschichte möglich. Denkbar ist auch ein Materialtisch, der allein Quellen anbietet.

Für lokale historische Phänomene bieten Archive die Möglichkeit, die Nachrichtenübermittlung im unmittelbaren Nahraum zu untersuchen.

Sammeln, Ordnen, Verknüpfen

Ein wichtiger Aspekt ist sicher das Sammeln – und Aussortieren – der gefundenen Informationen. Zu vielen Themenaspekten der Geschichte der Nachrichtenübermittlung gibt es mehr als genug Quellen und Darstellungen. Diese Tatsache kann genutzt werden, um gezielt Bewertungsprozesse von Materialien in den Blick zu nehmen. Was leisten Quellen? Welche Darstellungen sind verlässlich?

Die Ergebnisse müssen anschließend – entlang der Fragestellungen – geordnet und miteinander verknüpft werden. Ertragreich kann hier eine Reflexion über Fragen sein, die sich durch die Recherche zu den ursprünglichen Fragestellungen neu ergeben. Damit wird Schülerinnen und Schülern klar, dass Erkenntnisprozesse zur Vergangenheit oft spiralförmig verlaufen, dass also bestimmte Arbeitsschritte mehrfach durchlaufen werden.

Ergebnisse darstellen

Die Ergebnisse sollten sowohl eigene Darstellungen als auch kommentiertes Quellenmaterial beinhalten. Der Austausch von Kleingruppen ist dann besonders wichtig, wenn es um eine kohärente Darstellung der Geschichte der Nachrichtenübermittlung gehen soll. Wenn der forschend-entdeckende Lernprozess der Befriedigung individueller Orientierungsbedürfnisse dient, kann aber auch arbeitsteilig gearbeitet werden und die Ergebnisse können in der Präsentationsphase additiv vorgestellt werden.

Erkenntnisse präsentieren

Es gibt vielfältige Möglichkeiten, die eigenen Erkenntnisse zu präsentieren. Dies kann beispielsweise entlang einer Zeitleiste oder einer Meilensteindarstellung geschehen. Ebenso ist eine praktische Simulation der Funktionsweisen unterschiedlicher Nachrichtenübermittlungsobjekte vorstellbar oder ein Hördokument zu Kommunikationspannen in der Vergangenheit.

Lernprozess reflektieren

Die Reflexion sollte einen Rückbezug auf die gegenwärtige und zukünftige Bedeutung von Nachrichtenübermittlung auf der thematischen Ebene beinhalten. Reflektiert werden müssen aber auch die Erkenntnisprozesse, das Wie der Wissenserlangung über historische Phänomene.

Epilog

„Ich bitte euch, zu glauben.
Nicht an meine Fähigkeit,
Veränderungen herbeizuführen,
sondern an eure.“

(Barack Obama)

Vielleicht wirken die Worte des vorigen amerikanischen Präsidenten, die seiner Abschiedsrede entnommen sind, etwas zu pathetisch. Doch die ganze Rede drückt – in einem völlig anderen Zusammenhang – vieles aus, was auch forschend-entdeckendes Lernen ausmacht. Als ich sie am Morgen des 12. Januar 2017 anhörte, erkannte ich darin die Aufforderung an Menschen, kreative Denker und schließlich aktive „Konstrukteure“ ihres Lebens zu sein.

Das ist auch beim forschend-entdeckenden Lernen zentral. Es geht darum, dass Schülerinnen und Schüler mit einem Organisationsprinzip vertraut gemacht werden, das die ermutigende Wirkung selbstgesteuerten Handelns unter systematischer, fachkompetenter Begleitung eines Geschichtslehrers in den Mittelpunkt stellt. Dazu gehört aber auch, dass das „Hypothetisch-Unfertige“ (Schönemann 1992, 55) ein unterrichtliches Existenzrecht erhält, weil es Freiräume beinhaltet, die Lernende individuell ausfüllen sollen und können. Geschichte war nicht, Geschichte wird vom Einzelnen und in kollektiven Aushandlungsprozessen konstruiert und Geschichte wird in jeder einzelnen Sekunde gemacht – diese Erkenntnis sollte das wichtigste Ziel des Geschichtsunterrichts sein.

Zahlen und Zusammenhänge mögen – wenn sie nicht benötigt werden – als träges Wissen rasch in Vergessenheit geraten. Doch zu wissen, welche Bedeutung Vergangenheit für das eigene Leben und die eigene Identität hat und dass jeder Einzelne gegenwärtig und zukünftig dazu beiträgt, was später einmal Geschichte sein wird, emanzipiert Lernende über die Zeit der formalisierten Schulbildung hinaus. Der Wert der Lehrkraft, der diese komplexe und arbeitsorganisatorisch nicht leicht zu begleitende Form des Lernens anbietet, kann nicht überschätzt werden.

Sicher: Forschend-entdeckendes Lernen ist wie auch andere Lernformen „nicht *die* Lösung aller Probleme des Geschichtsunterrichts, nicht *der* Königsweg historischen Lernens" (Borries 1992, 98), sondern einer von vielen möglichen Wegen. Aber:

„Entdeckendes Lernen heißt:
fragen nach dem, was mich beschäftigt,
verstehen wollen, was ich erfahren habe,
mit anderen zusammen
die Welt ein Stück entzaubern,
um dabei immer neue Rätsel aufzutun.
Entdeckendes Lernen heißt:
sich auf den Weg machen,
um die Dinge und Menschen um sich herum
besser begreifen zu lernen."

(Ute Zocher)

Literatur

Ackermann, Paul ([2]1999): Außerschulische Lernorte. Ein Beitrag zu einem ganzheitlichen bzw. mehrdimensionalen politischen Lernen. In: Sander, Wolfgang (Hg.): Handbuch politische Bildung. Praxis und Wissenschaft. Schwalbach/Ts., S. 457–470.

Alavi, Bettina (2013): Inklusion und Geschichtswettbewerb – Barrierefreier Geschichtswettbewerb? In: Public History Weekly 1/2013. Online: https://public-history-weekly.degruyter.com/1–2013–1/inklusion-und-geschichtswettbewerb-barrierefreier-geschichtswettbewerb-bundespraesidenten/ (letzter Aufruf am 23.04.2018)

Ausubel, D.P./Novak J.D./Hanesian, H. (1968): Psychologische und pädagogische Grenzen des entdeckenden Lernens. In: Neber, Heinz (Hg.): Entdeckendes Lernen. Weinheim [3]1981, S. 30–44.

Banchi, Heather/Bell, Randy (2008): The Many Levels of Inquiry. In: Science and Children, 2/2008, S. 26–29.

Baricelli, Michele (2005): Schüler erzählen Geschichte. Narrative Kompetenz im Geschichtsunterricht. Schwalbach/Ts.

Barricelli, Michele/Gautschi, Peter/Körber, Andreas (2012): Historische Kompetenzen und Kompetenzmodelle. In: Barricelli, Michele/Lücke, Martin (Hg.): Handbuch Praxis des Geschichtsunterrichts. Schwalbach/Ts., S. 207–235.

Barricelli, Michele/Golgath, Tabea (2014): Einleitung. In: Barricelli, Michele/Golgath, Tabea (Hg.): Historische Museen heute. Schwalbach/Ts., S. 5–13.

Baumann-Gibbon, Oliver/Menzel, Miriam (2017): Kollaboratives Arbeiten. Hintergrund und Beispiele aus der Bildungspraxis und Anregungen für die historisch-politische Bildung. Bernsen, Daniel/Kerber, Ulf (Hg.) (2017): Praxishandbuch Historisches Lernen und Medienbildung im digitalem Zeitalter. Opladen/Berlin/Toronto, S. 167–176.

Bernsen, Daniel/Kerber, Ulf (Hg.) (2017): Praxishandbuch Historisches Lernen und Medienbildung im digitalen Zeitalter. Opladen/Berlin/Toronto.

Becher, Andrea/Gläser, Eva (2015): Mangel, Not und Krieg. Das Leben zur Zeit des Ersten Weltkriegs mit Kindern thematisieren. In: Grundschule Sachunterricht, 67/2015, S. 28–35.

Beck, Wolfgang (2009): Die Geschichts-AG. Schüler auf historischer Spurensuche. In: Messner, Rudolf (Hg.): Schule forscht. Ansätze und Methoden zum forschenden Lernen. Hamburg, S. 192–199.

Beck, Wolfhart (2010): Schüler forschen im Archiv. Ein archivpädagogischer Führer für Schülerinnen und Schüler durch das Landesarchiv NRW Abteilung Westfalen. Düsseldorf.

Bernhardt, Markus (2010): Das Spiel im Geschichtsunterricht. Schwalbach/Ts.

Bernsen, Daniel/Kerber, Ulf (Hg.) (2017): Praxishandbuch Historisches Lernen und Medienbildung im digitalen Zeitalter. Opladen/Berlin/Toronto.

Bönisch, Manfred (1990): Wochenplanarbeit – eine Form offenen Unterrichts. In: Die deutsche Schule, 82/1990. Heft 3, S. 358–367.

Bohl, Thorsten ([4]2009): Prüfen und Bewerten im Offenen Unterricht. Weinheim/Basel.

Bohl, Thorsten/Kucharz, Diemut (2010): Offener Unterricht heute: Konzeptionelle und didaktische Weiterentwicklung. Weinheim/Basel.

Borries, Bodo von (1988): Geschichtslernen und Geschichtsbewusstsein. Empirische Erkundungen zu Erwerb und Gebrauch von Historie. Stuttgart.

Borries, Bodo von (1990): „Forschendes Lernen" und „oral history" am Beispiel „Schülerwettbewerb Deutsche Geschichte um den Preis des Bundespräsidenten". In: Niemetz, Gerold (Hg.): Aktuelle Probleme der Geschichtsdidaktik. Stuttgart, S. 111–136.

Borries, Bodo von (1991): Schüler als Forscher? – Aber selbstverständlich! In: Pädagogik, 5/1991, S. 42–47.

Borries, Bodo von (1992): „Forschendes Lernen" in geschichtsdidaktischer Perspektive. In: Schülerwettbewerb Deutsche Geschichte um den Preis des Bundespräsidenten (Hg.) Forschendes Lernen im Geschichtsunterricht. Stuttgart, S. 67–101.

Borries, Bodo von (1997): Historische Projektarbeit. „Größenwahn" oder „Königsweg"? In: Dittmer, Lothar/Siegfried, Detlef (Hg.): Spurensucher. Ein Praxisbuch für historische Projektarbeit. Weinheim u.a., S. 243–252.

Borries, Bodo von (2009): „Forschendes historisches Lernen" ist mehr als „Geschichtswettbewerb des Bundespräsidenten". Rückblick und Ausblick. In: Heuer, Christian/Pflüger, Christine (Hg.): Geschichte und ihre Didaktik. Ein weites Feld. Unterricht, Wissenschaft, Alltagswelt. Gerhard Schneider zum 65. Geburtstag. Schwalbach/Ts., S. 130–148.

Bruner, Jérôme S. (1961): Der Akt der Entdeckung. In: Neber, Heinz (Hg.): Entdeckendes Lernen. Weinheim/Basel 1981, S. 15–29.

Buck, Thomas Martin (2012): Historisches Lernen im Sachunterricht der Primarstufe. In: Barricelli, Michele/Lücke, Martin (Hg.): Handbuch Praxis des Geschichtsunterrichts, Bd. 1. Schwalbach/Ts., S. 160–166.

Copei, Friedrich (1950): Der fruchtbare Moment im Bildungsprozeß. Heidelberg [9]1969.

Dannenberg, Hartmut (1977): Entdeckendes Lernen als Schaffen von Bedeutungen und Konstituieren von Sinn in den Feldern der gesellschaftlichen Alltagswirklichkeit. In: Neff, Günter (Hg.): Praxis des entdeckenden Lernens in der Grundschule. Kronberg, S. 29–47.

Dauks, Sigrid (2010): Aus den Akten auf die Bühne. Inszenierungen in der archivischen Bildungsarbeit. Berlin.

Demantowsky, Marko/Waldis, Monika (2014): John Hatties „Visible Learning" und die Geschichtsdidaktik. Grenzen und Perspektiven. In: Zeitschrift für Geschichtsdidaktik, 1/2014, S. 100–116.

Dewey, John (1916): Demokratie und Erziehung. Weinheim/Basel 2000.

Dietrich, Georg (1973): Effektivitätsanalyse und Lehrstrategie des entdeckenden Lernens. In: Pädagogische Welt, 23/1973, S. 579–587.

Eggert, Heinz-Ulrich (2005): Vom Störenfried zum Ideengeber. Zu den Wirkungen des Geschichtswettbewerbs des Bundespräsidenten auf Geschichtslehrer und Geschichtsunterricht – Ein Praxisbericht. In: Mecking, Sabine/Schröder, Stefan (Hg.): Kontrapunkt. Vergangenheitsdiskurse und Gegenwartsverständnis. Essen, S. 233–244.

Ehm, Rainer/Lübbers, Bernhard/Memminger, Josef/Wolter, Heike (2013): Der 12. Mai 1933: Als in Regensburg die Bücher brannten. In: Einsichten und Perspektiven. Bayerische Zeitschrift für Politik und Geschichte, 1/2013. S. 4–19.

Emer, Wolfgang ([2]2007): Projektarbeit. In: Mayer, Ulrich/Pandel, Hans-Jürgen/Schneider, Gerhard (Hg.): Handbuch Methoden im Geschichtsunterricht. Schwalbach/Ts., S. 544–557.

Entdeckendes Lernen e.V. (2017): Vereins-Homepage. Online: http://www.entdeckendes-lernen.de (letzter Aufruf am 23.04.2018)

Erdmann, Elisabeth ([2]2004): Handlungsorientiertes historisches Lernen. In: Schreiber, Waltraud: Erste Begegnungen mit Geschichte. Grundlagen historischen Lernens, Bd. 1. Neuried, S. 661–672.

Fenn, Monika (2005): Zur eigenen Vergangenheit und zur Schulzeit der Großeltern „forschen". In: Sache – Wort – Zahl, 33/2005. Heft 69, S. 7–12.

Fenn, Monika (2008): Mit Grundschülern ins Archiv? Möglichkeiten historischen Lernens aus geschichtsdidaktischer Perspektive. Vortrag auf der Jahrestagung der Archivpädagogen in Neuss am 16./17. Mai 2008. Online: https://www.uni-potsdam.de/hi/monika-fenn/mit-grundschuelern-ins-archiv.html (letzter Aufruf am 23.04.2018)

Fenn, Monika (2013): Vom instruktionalen zum problemorientierten Unterrichtsstil. Modifikation der Handlungsroutinen von Studierenden. In: Popp, Susanne/Sauer, Michael/Alavi, Bettina/Demantowsky, Marko/Klenkmann, Alfons (Hg.): Zur Professionalisierung von Geschichtslehrerinnen und Geschichtslehrern. Nationale und internationale Perspektiven. Göttingen, S. 327–342.

Fichtner-Gade, Petra u.a. (2004): Didaktisch-methodische Prinzipien selbstständigen Lernens in der Sekundarstufe I. In: Moegling, Klaus (Hg.): Didaktik selbstständigen Lernens: Grundlegung und Modelle für die Sekundarstufe I und II. Bad Heilbrunn, S. 44–58.

Filser, Karl (1973): Entdeckendes Lernen im Geschichtsunterricht. In: Pädagogische Welt, 23/1973, S. 642–656.

Forkel, Annette (2009): Entdeckendes Lernen mit Lernspielen im Unterricht der Sekundarstufe I. Konzeptionelle Grundlegung, Entwicklung und Erprobung (Diss.). Köln.

Foster, John ([2]1993): Entdeckendes Lernen in der Grundschule. München.

Fröbel, Friedrich Wilhelm August (1826): Die Menschenerziehung. Keilhaus.

Gautschi, Peter (1998): Forschendes Lernen in Geschichte. Ein Rückblick auf den Wettbewerb für Jugendliche „Der Kanton Aargau auf dem Weg zu seinem 200. Geburtstag". In: Argovia. Jahresschrift der Historischen Gesellschaft des Kantons Aargau, 110/1998, S. 139–157.

Gautschi, Peter ([3]2005): Geschichte lehren. Lernwege und Lernsituationen für Jugendliche. Zürich.

Gautschi, Peter (2006): Didaktische Hinweise – Portfolio. In: Ders./Hodel, Jan/Bonhage, Barbara/Spuhler, Gregor: Hinschauen und Nachfragen. Die Schweiz und der Nationalsozialismus im Licht aktueller Fragen. Zürich. Online: https://www.lehrmittelverlag-zuerich.ch/Portals/1/Documents/lehrmittelsites/hinschauen%20und%20nachfragen/hinschauen%20und%20nachfragen_downloads/4_Portfolio.pdf (letzter Aufruf am 23.04.2018)

Gautschi, Peter ([2]2011): Guter Geschichtsunterricht. Grundlagen, Erkenntnisse, Hinweise. Schwalbach/Ts.

Gies, Horst (1981): Repetitorium Fachdidaktik Geschichte, Bad Heilbrunn.

Giesecke, Hermann (1973): Methodik des politischen Unterrichts. München.

Gläser, Eva (2015): Leben vor 100 Jahren. Kinder erforschen Geschichte. Historisches Lernen von Anfang an. In: Grundschule Sachunterricht, 67/2015, S. 2–3.

Gläser, Eva/Becher, Andrea (2015): Mit historischen Quellen Geschichte begreifen lernen. Historische Methodenkompetenz vermitteln. In: Grundschule Sachunterricht, 67/2015, S. 7–13.

Günther-Arndt, Hilke (2007): Lehr-Lernkonzepte. In: Dies. (Hg.): Geschichtsmethodik. Handbuch für die Sekundarstufe I und II. Berlin, S. 87–147.

Günther-Arndt, Hilke (2003): Projektförmiger Geschichtsunterricht. In: Dies. (Hg.): Geschichtsdidaktik. Praxishandbuch für die Sekundarstufe I und II. Berlin, S. 188–196.

Hameyer, Uwe (2002a): Entdeckendes Lernen. Ein Prozess explorativen Verstehens. In: Ders./Schlichting, F. (Hg.): Entdeckendes Lernen. Kronshagen, S. 5–9.

Hameyer, Uwe ([3]2002b): Entdeckendes Lernen. In: Wiechmann, Jürgen (Hg.): 12 Unterrichtsmethoden. Vielfalt für die Praxis. Weinheim, S. 114–129.

Handro, Saskia ([3]2014): Konstruktivismus. In: Mayer, Ulrich/Pandel, Hans-Jürgen/Schneider, Gerhard/Schönemann, Bernd (Hg.): Wörterbuch Geschichtsdidaktik. Schwalbach/Ts., S. 119–120.

Handro, Saskia (2015): Historische Erkenntnisverfahren. In: Günther-Arndt, Hilke/Handro, Saskia (Hg.): Geschichts-Methodik. Handbuch für die Sekundarstufe I und II. Berlin, S. 24–43.

Hasberg, Wolfgang/Weber, Wolfgang E. J. (2007): Forschend-entdeckendes und historisches Lernen – Einleitung. In: Hasberg, Wolfgang/Weber, Wolfgang E. J. (2007): Geschichte entdecken. Karl Filser zum 70. Geburtstag. Berlin, S. 9–18.

Hattie, John (2013): Lernen sichtbar machen. Hohengehren.

Heese, Thorsten (2007): Vergangenheit „begreifen“. Die gegenständliche Quelle im Geschichtsunterricht. Schwalbach/Ts.

Henke-Bockschatz, Gerhard (2004): Forschend-entdeckendes Lernen. In: Mayer, Ulrich/Pandel, Hans-Jürgen/Schneider, Gerhard (Hg.): Handbuch Methoden im Geschichtsunterricht. Schwalbach/Ts., S. 15–29.

Henke-Bockschatz, Gerhard (2014): Oral History im Geschichtsunterricht. Schwalbach/Ts.

Henke-Bockschatz, Gerhard ([2]2009): Entdeckendes Lernen. In: Mayer, Ulrich/Pandel, Hans-Jürgen/Schneider, Gerhard/Schönemann, Bernd (Hg.): Wörterbuch Geschichtsdidaktik. Schwalbach/Ts. S. 53 f.

Henke-Bockschatz, Gerhard ([5]1997): Entdeckendes Lernen. In: Bergmann, Klaus/Fröhlich, Klaus/Kuhn, Annette/Rüsen, Jörn/Schneider, Gerhard (Hg.): Handbuch der Geschichtsdidaktik. Seelze-Velber, S. 406–411.

Hodel, Jan (2013): Verkürzen und Verknüpfen. Geschichte als Netz narrativer Fragmente. Bern.

Hodel, Jan/Waldis, Monika (2007): Sichtstrukturen im Geschichtsunterricht – die Ergebnisse der Videoanalyse. In: Gautschi, Peter u. a. (Hg.): Geschichtsunterricht heute. Eine empirische Analyse ausgewählter Aspekte. Bern, S. 91–142.

Hoffmann, Moritz (2015a): Heute vor 70 Jahren. Online: https://twitter.com/digitalpast?lang=de (letzter Aufruf am 23.04.2018)

Hoffmann, Moritz (2015b): Als der Krieg nach Hause kam. @Heute vor 70 Jahren: Chronik des Kriegsendes in Deutschland. Berlin.

Horst, Uwe/Volkwein, Karin (2011): Lernbuch Geschichte. Stuttgart/Leipzig.

Huber, Ludwig (2014): Forschendes Lernen. Begriff, Begründungen und Herausforderungen. In: Portal „Lehre laden“, Ruhr-Universität Bochum. Online: https://dbs-lin.ruhr-uni-bochum.de/lehreladen/lehrformate-methoden/forschendes-lernen/begriff-begruendungen-und-herausforderungen/ (letzter Aufruf am 23.04.2018)

Hug, Wolfgang (1977): Geschichte in der Praxis der Sekundarstufe I. Frankfurt/M.

Huizinga, Johan (1938): Homo ludens. Vom Ursprung der Kultur im Spiel. Reinbek [21]2009.

Humboldt, Wilhelm (1809): Über die innere und äußere Organisation der höheren wissenschaftlichen Anstalten in Berlin (1809/10). In: Anrich, Ernst: Die Idee der deutschen Universität. Darmstadt 1956, S. 375–386.

Inglin, Oswald (2006): Rahmenbedingungen und Modelle der Portfolioarbeit. Welche Konsequenzen ergeben sich für den Unterricht. In: Brunner, Ilse/Häcker, Thomas/Winter, Felix (Hg.): Das Handbuch Portfolioarbeit. Konzepte, Anregungen, Erfahrungen aus Schule und Lehrerbildung. Seelze-Velber, S. 81–88.

Institut für Geschichtswissenschaft der Universität Bremen (2015): Aus den Akten auf die Bühne. Online: www.sprechende-akten.de (Fassung vom 11.5.2015).

Jacobs, Meinhard/Schulz-Hageleit, Peter (1987): Offenes Lernen im Geschichtsunterricht. Erfahrungen und Perspektiven zur Veränderung eines traditionellen Schulfaches. In: Geschichtsdidaktik, 12/1987, S. 64–75.

Jenkins, Keith (2003): Re-thinking history. London.

John, Anke (2013): Neuland, Boom, Vielfalt – Geschichtswettbewerb heute. In: Public History Weekly, 1/2013. Online: https://public-history-weekly.degruyter.com/1–2013–14/neuland-boom-vielfalt-geschichtswettbewerbe-heute/(letzter Aufruf am 23.04.2018)

Kenkmann, Alfons (2008): Gedanken zum didaktischen und methodischen Umgang mit der Geschichte der NS-Verbrechen in Schulen und Gedenkstätten. In: Gedenkstättenrundbrief, 3/2008, S. 3–11.

Kessel, Jürgen ([3]2010): Geschichte im Archiv, in: Günther-Arndt, Hilke (Hg.): Geschichts-Methodik. Handbuch für die Sekundarstufe I und II. Berlin, S. 128–133.

Kirchner, Jana/McMichael, Andrew (2015): Inquiry-based Lessons in U.S. History. Waco.

Klett Verlag (Hg.) (2014): Geschichte und Geschehen. Eingangsklasse. Ein Unterrichtsvorschlag zur Portfolioarbeit: „Menschenbilder im Wandel" für Lehrerinnen und Lehrer an beruflichen Gymnasien. Stuttgart/Leipzig. Online: https://www2.klett.de/sixcms/media.php/229/416800_Prospekt_GuG_BW.pdf (letzter Aufruf am 23.04.2018)

Knigge, Volkhart (1983): Ein anderer Weg im Geschichtsunterricht. Die (historische) Biographie des Dings. In: Geschichtsdidaktik, 8/1983, Heft 1, S. 56–62.

Knoch, Peter (1988): Entdeckendes Lernen. In: Praxis Geschichte, 3/1988, S. 6–13.

Knoch, Peter (1991): Entdeckendes Lernen im Geschichtsunterricht, in: Geschichte-Erziehung-Politik, 6/1991, S. 518–528.

Knoch, Peter/Pöschko, Hans (1982): Versuche mit offenem Geschichtsunterricht. In: Geschichtsdidaktik 7/1982, S. 439–451.

Korn, Erhard (1990): Starker Bär, dumme Ziege – Jagd- und Haustiere der Steinzeit. In: Ders. (Hg.): Spurensuche Geschichte. Bd. 1: Von der Vorgeschichte zum Frühmittelalter. Stuttgart, S. 24–26.

Koselleck, Reinhart ([4]2000): Vergangene Zukunft. Zur Semantik geschichtlicher Zeiten. Frankfurt/M.

Kremer, Angelika/Schlüter, Kirsten (2006): Analyse von Gruppensituationen beim forschend-entdeckenden Lernen. In: Vogt, Helmut/Krüger, Dirk/Marsch, Sabine (Hg.): Erkenntnisweg Biologiedidaktik 5. Berlin, S. 145–156.

Kuhn, Deanne/Black, John/Keselman, Alla/Kaplan, Danielle: The development of cognitive skills to support inquiry learning. In: Cognition & Instruction, 18/2000. Heft 4, S. 495–523.

Kuhn, Deanne/Pease, Maria (2008): What needs to develop in the development of inquiry skills? In: Cognition & Instruction, 26/2008. Heft 4, S. 512–559.

Lamoureux, Isabelle/Beheshti, Jamshid/Cole, Charles/Abuhimed, Dhary/Al Ghamdi, Mohammed (2013): Gender differences in inquiry-based learning at the middle school level. In: Papers of ASIST conference. Online: https://dl.acm.org/citation.cfm?id=2655923 (letzter Aufruf am 23.04.2018)

Lange, Thomas/Lux, Thomas (2004): Historisches Lernen im Archiv. Schwalbach/Ts.

Link, Roswitha (2012): Lernort Archiv – Kompetenzorientierung und Historische Bildung im Archiv. In: Archivpflege in Westfalen-Lippe, 76/2012, S. 2–8.

Loos, Edeltraud/Schreiber, Waltraud ([2]2004): Entdeckendes und projektorientiertes Lernen. In: Schreiber, Waltraud (Hg.): Erste Begegnungen mit Geschichte. Grundlagen historischen Lernens. Neuried, S. 715–765.

Lowell Library (2018). Lowell Mills Girl Letters. Online: https://libguides.uml.edu/lowell_mill_girl_letters (letzter Aufruf am 23.04.2018)

Lux, Thomas (2013): Archiv. In: Furrer, Markus/Messmer, Kurt (Hg.): Handbuch Zeitgeschichte im Geschichtsunterricht. Schwalbach/Ts., S. 185–205.

Maas, Michael (2000): Perspektiven der Schulreform für die Sekundarstufe I. In: Ders.: Jugend und Schule. Ideen, Beiträge und Reflexionen zur Reform der Sekundarstufe I. Hohengehren, S. 193–214.

Mayer, Ulrich ([2]2007): Historische Orte als Lernorte. In: Ders./Pandel, Hans-Jürgen/Schneider, Gerhard (Hg.): Handbuch Methoden im Geschichtsunterricht. Schwalbach/Ts., S. 389–407.

Memminger, Josef (2007): Schüler schreiben Geschichte. Kreatives Schreiben im Geschichtsunterricht zwischen Fiktionalität und Faktizität. Schwalbach/Ts.

Merian, Matthäus (1644): Topographia Bavariae. Frankfurt/M. Online: https://de.wikisource.org/wiki/Topographia_Bavariae:_Regenspurg (letzter Aufruf am 23.04.2018)

Messner, Rudolf (2009): Forschendes Lernen aus pädagogischer Sicht. In: Ders. (Hg.): Schule forscht. Ansätze und Methoden zum forschenden Lernen. Hamburg, S. 15–30.

Meyers Enzyklopädisches Lexikon (2002). Bd. 9. Mannheim.

Michaelis-Jena, Ruth (1985): Auch wir waren des Kaisers Kinder. Lebenserinnerungen. Lemgo.

Ministry of Education (Hg., 2016): The Kindergarten Program. Online: https://files.ontario.ca/books/edu_the_kindergarten_program_english_aoda_web_oct7.pdf (letzter Aufruf am 23.04.2018)

Müller, Wolfgang (2008): Juden in Detmold. Gesammelte Beiträge zur jüdischen Geschichte in Detmold und ihrer Aufarbeitung in Archiv und Schule. Lage.

Mütter, Bernd (1997): Entdeckendes Lernen im Geschichtsunterricht. Das Fallbeispiel „Geschichtsbuch“. In: Raisch, Herbert/Reese, Armin (Hg.): Historia didactica. Geschichtsdidaktik heute. Uwe Uffelmann zum 60. Geburtstag. Idstein, S. 139–150.

Neber, Heinz (1981): Neuere Entwicklungen zum entdeckenden Lernen. In: Ders. (Hg.): Entdeckendes Lernen. Weinheim/Basel, S. 45–92.

Neber, Heinz (1999): Entdeckendes Lernen. In: Perleth, Christoph/Ziegler, Albert (Hg.): Pädagogische Psychologie: Grundlagen und Anwendungsfelder. Bern u.a., S. 227–235.

Neber, Heinz (2002). Entdeckendes Lernen. In: Hameyer, Uwe/Schlichting, Frank (Hg.): Entdeckendes Lernen. Kronshagen, S. 10–26.

Nellen, Jörg (2010): Kompetenzen historischen Denken am Beispiel erfolgreicher Beiträge zum Geschichtswettbewerb des Bundespräsidenten aus HS, RS und GeS. In: Zeitschrift für Geschichtsdidaktik, 9/2010, S. 110–130.

Pallaske, Christoph (2016): Hexenverfolgung. Online: https://segu-geschichte.de/hexenverfolgung/(letzter Aufruf am 23.04.2018)

Pallaske, Christoph (2017): Kollaboratives Schreiben. In: Bernsen, Daniel/Kerber, Ulf (Hg.): Praxishandbuch Historisches Lernen und Medienbildung im digitalen Zeitalter. Opladen/Berlin/Toronto, S. 304–312.

Panchyrz, Kristina/Stüer, Johannes (2016): Textbuch zu „Ein Mädchen aus Lippe“. Detmold. (unveröffentlichtes Manuskript)

Pandel, Hans-Jürgen (2005): Geschichtsunterricht nach Pisa. Kompetenzen, Bildungsstandards und Kerncurricula. Schwalbach/Ts.

Pandel, Hans-Jürgen (2006): Quelleninterpretation. Die schriftliche Quelle im Geschichtsunterricht. Schwalbach/Ts.

Pandel, Hans-Jürgen (2013): Geschichtsdidaktik. Eine Theorie für die Praxis. Schwalbach/Ts.

Pandel, Hans-Jürgen (2017): Geschichtstheorie. Eine Historik für Schülerinnen und Schüler – aber auch für ihre Lehrer. Schwalbach/Ts.

Paufler-Gerlach, Stefanie (2013): Ist forschend-historisches Lernen im Geschichtsunterricht noch zeitgemäß? Reflexion zum Geschichtswettbewerb des Bundespräsidenten 2012/2013. Online: http://www.hsozkult.de/conferencereport/id/tagungsberichte-5020 (letzter Aufruf am 23.04.2018)

Pausch, Randy ([5]2008): Last Lecture. Die Lehren meines Lebens. Gütersloh.

Peucke, Julia (2015): Auf ins Archiv! Der Konstruktion von Vergangenheit auf der Spur. In: Grundschule Sachunterricht, 67/2015, S. 22–27.

Piaget, Jean (1973): To understand is to invent. The future of education. New York.

Piaget, Jean (1975): Nachahmung, Spiel und Traum. Stuttgart.

Popp, Walter (1994): Zur anthropologischen Begründung eines handlungsorientierten Sachunterrichts. In: Duncker, Ludwig/Popp, Walter (Hg.): Kind und Sache. Weinheim/München, S. 57–78.

Reitinger, Johannes (2013): Forschendes Lernen. Theorie, Evaluation und Praxis in naturwissenschaftlichen Lernarrangements. Immenhausen.

Richter, Erika (1992): Forschendes Lernen und Unterrichtspraxis. In: Schülerwettbewerb Deutsche Geschichte um den Preis des Bundespräsidenten (Hg.): Forschendes Lernen im Geschichtsunterricht. Stuttgart, S. 25–34.

Riedel, Klaus (1973): Lehrhilfen zum entdeckenden Lernen. Hannover.

Rüsen, Jörn (1983): Historische Vernunft. Grundzüge einer Historik I: Die Grundlagen der Geschichtswissenschaft. Göttingen.

Rüsen, Jörn (1985): Ansätze zu einer Theorie historischen Lernens I. Formen und Prozesse. In: Geschichtsdidaktik, 10/1985, S. 249–265.

Rüsen, Jörn ([2]2008): Historisches Lernen. Grundlagen und Paradigmen. Schwalbach/Ts.

Salmons, Paul (2014): Ordinary Things? Online: http://www.holocausteducation.org.uk/lessons/open-access/ordinary/(letzter Aufruf am 23.04.2018)

Sauer, Michael ([10]2012a): Entdeckendes Lernen und Projektarbeit. In: Ders.: Geschichte unterrichten. Eine Einführung in die Didaktik und Methodik. Seelze, S. 136–138.

Sauer, Michael (2012b): Medien im Geschichtsunterricht. In: Barricelli, Michele/Lücke, Martin (Hg.): Handbuch Praxis des Geschichtsunterrichts. Schwalbach/Ts., S. 85–92.

Schamoni, Rocco ([12]2009): Dorfpunks. Hamburg.

Schmassmann, Margret/Jost, Dominik/Erni, Jakob ([2]1997): Mit Fehlern muss gerechnet werden. Zürich.

Schmid, Heinz Dieter (1980): Entdeckendes Lernen im Geschichtsunterricht. In: Süssmuth, Hans (Hg.): Geschichtsdidaktische Positionen. Bestandsaufnahme und Neuorientierung. Paderborn u.a., S. 283–314.

Schmid, Heinz Dieter/Vorbach, Klaus: Entdeckendes Lernen im Geschichtsunterricht der Sekundarstufe I. In: Geschichtsdidaktik 1978. Heft 2, S. 129–135.

Schmid, W. (2008): Entdeckendes Lernen. Online: http://www.lern-plus.de/Unterricht/entdeckendes.doc (letzter Aufruf am 23.04.2018)

Schönemann, Bernd (1992): Forschendes Lernen und Lehrpläne im Fach Geschichte. Plädoyer für eine synthetische Betrachtungsweise. In: Schülerwettbewerb Deutsche Geschichte um den Preis des Bundespräsidenten/Ernst Klett Schulbuchverlag (Hg.): Forschendes Lernen im Geschichtsunterricht. Stuttgart, S. 51–58.

Schönemann, Bernd/Thünemann, Holger/Zühlsdorf-Kersting, Meik (2010): Was können Abiturienten? Zugleich ein Beitrag zur Debatte über Kompetenzen und Standards im Fach Geschichte. Berlin.

Schreiber, Waltraud (2014): Zeitzeugengespräche führen und auswerten. Eichstätt. Online: http://www.ku.de/fileadmin/140205/Publikationen/Oralhistory.pdf (letzter Aufruf am 23.04.2018)

Schreiber, Waltraud/Körber, Andreas/Borries, Bodo von u.a. (2006): Historisches Denken. Ein Kompetenz-Strukturmodell. Neuried.

Schreier, Helmut (2002): Dinge, Phänomene und die Sache des Sachunterrichts. In: Hameyer, Uwe/Schlichting, Frank (Hg.): Entdeckendes Lernen. Kronshagen, S. 55–69.

Spieß, Christian (2014): Quellenarbeit im Geschichtsunterricht. Die empirische Rekonstruktion von Kompetenzerwerb im Umgang mit Quellen. Göttingen.

Stadtmüller, Winfried (1999): Sachquellen. In: Schreiber, Waltraud (Hg.): Erste Begegnungen mit Geschichte. Grundlagen historischen Lernens. Bd. 1. Neuried, S. 391–404.

Sturm, Beate (2008): Schüler ins Archiv! Praxis und Konzeption von Archivführungen für Schulklassen. Hannover. Online: https://www.landesarchiv-bw.de/sixcms/media.php/120/42314/Transferarbeit_Sturm.pdf (letzter Aufruf am 23.04.2018)

Suchmann, J. Richard ([2]1975): Fragetraining. Aufbau von Fertigkeiten zur selbständigen Entdeckung. In: Neber, Heinz (Hg.): Entdeckendes Lernen. Weinheim/Basel 1981, S. 247–272.

Thünemann, Holger (2011): Schüler als Forscher? Forschend-entdeckendes Lernen als geschichtsdidaktische Herausforderung. Vortrag gehalten auf der 25. Archivpädagogenkonferenz in Münster, 3.–4. Juni 2011.

Uffelmann, Uwe (1978): Entdeckendes Lernen. In: Ders. (1990): Problemorientierter Geschichtsunterricht. Grundlegen und Konstruktion. Villingen-Schwenningen, S. 128–131.

Van Drie, Jannet/Van Boxtel, Carla (2008): Historical Reasoning. Towards a framework for analyzing students' reasoning about the past. In: Educational Psychology Review, 20/2008, S. 87–110.

Völkel, Bärbel (2005): Handlungsorientierung im Geschichtsunterricht. Schwalbach/Ts.

Vorländer, Herwart (1986): Analytisch-entdeckendes und synthetisch-kreatives Lernen in einem offenen Geschichtsunterricht. In: Geschichtsdidaktik, 11/1986, S. 122–134.

Wagenschein, Martin: Das „Wagenschein-Archiv“ im Internet. Online: www.martin-wagenschein.de (letzter Aufruf am 23.04.2018)

Wagenschein, Martin (1989): Kinder auf dem Wege zur Physik. Weinheim/Basel/Berlin [2]2010.

Warwitz, Siegbert/Rudolf, Anita ([4]2016): Vom Sinn des Spielens. Reflexionen und Spielideen. Hohengehren.

Wiater, Werner ([2]2005): Unterrichtsprinzipien. Donauwörth.

Windischbauer, Elfriede (2006): Offene Lernformen im Geschichtsunterricht. In: Geschichte in Wissenschaft und Unterricht, 11/2006, S. 628–649.

Winter, Heinrich ([4]1994): Mathematik entdecken. Neue Ansätze für den Unterricht in der Grundschule. Frankfurt/M.

Wolter, Heike (2016): Die Faszination des Originals. Schülerinnen und Schüler im Archiv. In: Stadt Regensburg (Hg.): Das Archiv der St. Katharinenspitalstiftung. Das schriftliche Welterbe von Regensburg. Regensburg, S. 107–111.

Wunderer, Hartmann (2000): Geschichtsunterricht in der Sekundarstufe II. Schwalbach/Ts.

Zocher, Ute (2000a): Lernen entdecken – vom Entdeckenden Lernen und der Bedeutung der eigenen Frage. Readerbeitrag zur Tagung „Subjektsein in der Schule – eine Auseinandersetzung mit dem Lernbegriff Klaus Holzkamps". In: Funke, Edmund H./Rihm, Thomas (Hg.): Subjektsein in der Schule? Bad Heilbrunn. Online: http://www.entdeckendes-lernen.de/3biblio/theorie/subjektsein.htm (letzter Aufruf am 23.04.2018)

Zocher, Ute (2000b): Entdeckendes Lernen lernen. Zur unterrichtspraktischen Umsetzung eines didaktischen Konzepts. Donauwörth.